Pitter vum Blaubach

Kölle
un sing Ömland

Herausgegegen von der Akademie
för uns kölsche Sproch

M7 Verlag

Kölner Stadterweiterungen 1883-1914

1 Altstadt
2 Erweiterung 1883
3 Erweiterung 1888
4 Erweiterung 1910
5 Erweiterung 1914

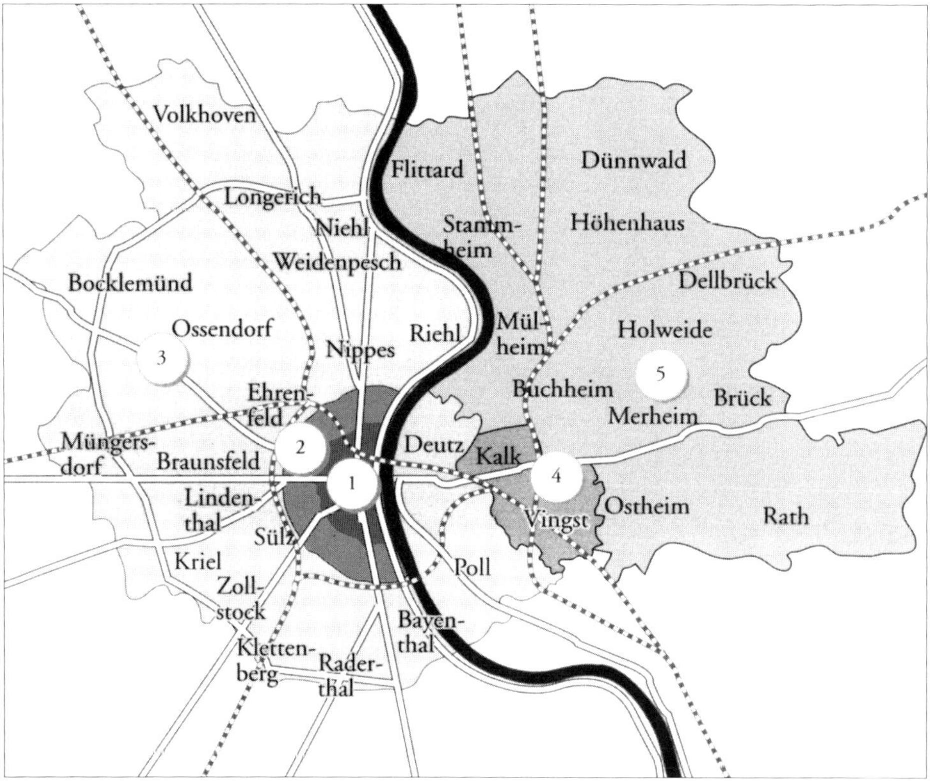

Kölner Stadterweiterungen 1883-1976

1 Altstadt
2 Erweiterung 1883
3 Erweiterung 1888
4 Erweiterung 1910
5 Erweiterung 1914
6 Erweiterung 1922
7 Erweiterung 1976

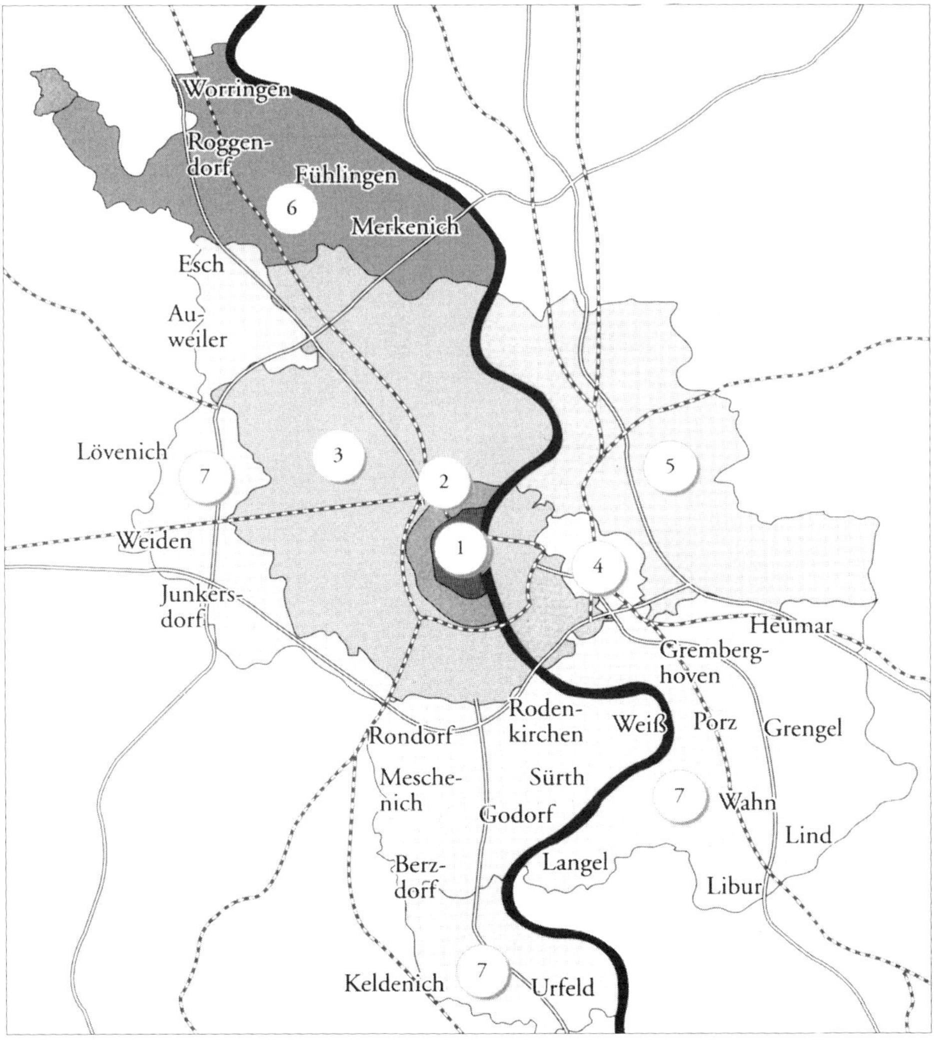

Impressum

Die Deutsche Bibliothek - CIP Einheitsaufnahme
Caspers, Peter
Kölle un sing Ömland
Hg. Akademie för uns kölsche Sproch
Köln: M7 Verlag KBE Kiosk-Buch-Event GmbH, 2000
Erste Auflage
ISBN 3-934511-14-7
Vw: Blaubach, Pitter vum [Pseud.] Caspers, Peter

Herausgeber: Akademie för uns kölsche Sproch, Im Mediapark 6a, 50670 Köln
Lektorat: Ingeborg Nitt
Photos: falls nicht anders vermerkt, Peter Caspers

Gestaltung: Markus Jansen
Druck: FVA - Fuldaer Verlagsagentur

Verlag: M7 Verlag KBE Kiosk-Buch-Event GmbH, Köln

Printed in Germany

ISBN 3-934511-14-7
Erste Auflage

AKADEMIE FÖR UNS KÖLSCHE SPROCH
Im Mediapark 6a
50670 Köln

Wat he em Boch steit

Linke Rhingsick

Schäl Sick

E Woot vörop

Mer soßen am Stammdesch bei nem Jlas Kölsch, do sat der Bätes: „Hör ens, Pitter! Wann mer ding Verzällcher lesen deit, dann hät mer der Endrock, bei deer existeet nor dat ahle Kölle. Zick Johre sin mer schleeßlich Millijone-Stadt. Ich meine, et wör Zick, dat do och ens üvver de ahl Stadtmor erüvver looren däts.“ „Dat es en hervorrogender Jedonke. Schreib iber de Vororte!“ reef minge Fründ us Weimar. - Ich packe jo jän jet Neues an un han „Jo!“ jesaat.

Wie ich zehuus an minger Bleifedderhubbelbank soß, han ich simeleet: Wie sät der Kölsche för ‚Vorort‘? - Do ka'mer ‚Vöroot‘ för sage. Ävver wann et e paar sin? Ich kräch schlih Zäng, wie ich an ‚Vöröder‘ denken dät. Wie mag et wal kumme, dat der Kölsche dat Woot nit kennt? - Öm Kölle wor immer en Mor. Noch hück künne mer en Häd Reste vun der Mor us der Römerzick bewundere. Doot se ens afklabastere. Do bruch mer e paar Stund för. Un dann wood späder uns jot ahl Stadtmor jebaut. Se wor do, öm der Stadt Schotz ze jevve. Alsu kom vör de Mor ne Jrave met Wasser un dann vill Feld. Janz wick fott kunnt mer Boorehöff sinn. Su sproch dä Kölsche vun singer Stadt un de Dörper udder Nester drömeröm. Dat Woot ‚Vöroot‘ jov et janit.
Ävver wann mer dat richtich beloort, hatt Kölle allt vör 1600 Johre en Trabantestadt. Dä Kaiser Konstantin dät domols us der Colonia Claudia Ara Agrippinensium en Bröck üvver der Rhing baue un op der rächte Sick dat Castellum Divitia jründe. Die Konstantinsbröck jingk späder kapott. Ävver dä Oot es jeblevve. Dat es uns Düx hückzedachs. Un eesch vör jot hundert Johre hät et widder noh Kölle heimjefunge. Wichtich wor do bestemmp, dat 1859 de Scheffbröck durch en faste Bröck ersatz wooden es.
Su jot de ahl Mor em Meddelalder wor, em letzte Johrhundert wood et en Kölle ze eng. Dä Handel met War jingk fott vum Rhing op de Schinne; de Handwerkslück kome en Kunkerenz met de Maschine. Un doför wor en Kölle kein Plaatz. Die Industriehäre däten sich vör der ahl Stadtmor ansiddele. Kölle wollt ävver methalde. Alsu moot de Mor fott. Am 11. Juni 1881 wood dat eeschte Loch am Jirejunshoff jeschlage. Un wo der Wall wor, do däten de Kölsche en schön un breit Stroß anläje, de Ringstroß. Ich fingen et jo schad, dat vun der ahl Mor nor klein Stöckelcher un e paar Pooze

üvverich jeblevve sin. Jän jingk ich wie en Nürnberch öm de Mor eröm. Dat künnt ärch romantisch sin.

Dann jingk der Stadtrot met Iefer dran, de Dörper drömeröm noh Kölle ze holle. Met Kabinettsordre vum 20. Februar 1888 woodten op der linke Rhingsick vun denne an de 23 enjejleddert, die bes dohin selvsständich wore. Dozo däte jehöre: Nehl, dat an de 700 Johre alt wor; Rehl stammp us dem 12. Johrhundert; Zollstock, dat ens en Zollstell vum Kurfösch wor; Neppes, et Usland, dat allt e paar Johrhunderte om Puckel hatt un en däm zick 1860 Fabrike jebaut woode; Ihrefeld, dat sich vum Booreland zo nem Oot met Fabrike erusjemaat hatt, un Lindenthal, dat fröhere Ling, met singe Jemös- un Obsjädens.
Op der Schäl Sick woren et Düx un Poll, die noh Kölle kome. De Stadt Müllem dät sich zeere. Dat wor och ze verston. Üvver Johrhunderte moot se sich jäje Kölle durchsetze. Et hatt mänche Strick jejovve. Ävver am 1. April 1910 wor et su wick. Müllem un de Bürjermeisterei Merrem met Bröck, Bochem, Dellbröck, Flittard, Höhenberch, Höhenhuus, Holwick, Uustem, Roth un Stammheim jehoote jetz zo Kölle.
Der Oberbürjermeister Konrad Adenauer dät doför sorje, dat Kölle durch de Enjledderung vun der Bürjermeisterei Worringe am 1. April 1922 de drettjrößte Stadt vum dütsche Rich wood. Millijone-Stadt wor Kölle ävver nit. Dat sollt 1975 passeere, wie Porz, Rudekirche, Rondorf un andere Öder noh Kölle kome. Mer krabbelen immer öm de Millijon eröm. Mer sin allt ens drüvver un och allt ens drunger. He sin de jung Lück opjerofe, Kinder en de Welt ze setze, domet uns Kölle schleeßlich en echte Millijone-Stadt weed.

Un wat hält die Stadt Kölle, ich meinen die Häre vum Rot, vun uns Dörper un Nester drömeröm, die jetz noh Kölle jehöre? Dat Woot ‚Vorort' kennen die och nit. Die vum Amp spreche vum ‚Stadtteil'. Am 1. Janewar 1998 hatte mer dovun 85 Stöck. Dat sin nit alles Dörper vun fröher. Mer hät dat Jeföhl, die sin su konstrueet, wie et denne Häre en der Krom paß. Su es dat ahle Kölle fünfmol opjedeilt. Dozo jehöt och Düx. Un die Jrenz vun nem Stadtteil es noch lang nit de Jrenz för en katholische udder evanjelische Faar.

Bei dem, wat he en dem Boch steit, han ich mich an dat Woot vun dem Dörp jehalde. Dodrüvver soll mer ens jet nohlese künne. No weed mäncheiner faßstelle, dat vill Dörper dren ston, ävver jrad singe Vöroot es nit dren. Wie maach dat wal kumme? Doför han ich e paar Saache parat: Anjefange han ich do, wo ich Böcher vun hatt. Dann jitt et och Dörper, die einem besondersch an et Hätz jewaaße sin. Un dann loch et och dodran, wo mer Lückcher us de Dörper jeholfe han. Denne sagen ich hätzlijen Dank. Üvver die, die fähle, künnt mer ens en enem neue Boch schrieve. Wat nit es, kann noch wäde.

Pitter vum Blaubach

Danksagung

Mein besonderer Dank gilt der Akademie för uns kölsche Sproch, insbesondere Ingeborg Nitt.

Linke Rhingsick

Ausgrabung des Flottenkastells Marienburg

De Marieburch heeß ens Antiqua Urbs

Antiqua Urbs es Lating un heiß nix andersch wie ‚Ahl Stadt'. Su wood e Stöck vun der Marieburch em 14. Johrhundert jenannt. No däten de Römere un och die Lückcher donoh verhaftich nit spenne. Udder met enem kölsche Sprechwoot jesaat: „Wo et lück, do hangen och Klocke!" Öm dat ze verklore, dat dat wohr es, muß mer e Stöckelche usholle.

Der Caesar, singe richtije Name wor Gaius Julius Caesar, wor e jau, ävver och e hatt Pöschje, dat Jermanije us singem Orwaldschlof opjerüselt hät. Em Johr 58 vör Chrestus dät hä dä Ariovist, dat wor ne Künning vun de Sweben, met dem sing Jermane en Mülhause üvver der Rhing op de Schäl Sick jage. Un donoh jingk et met de Römere op der linke Sick der Rhing eraf. Üvverall do, wo ne Hüvvel wor, däten se e Lager maache, domet se bei Huhwasser kein naße Föß krächte. Dat wor bes en der Jäjend vun Bonn einfach. Do woren immer widder huh Stelle üvver dem Rhing. Su maaten se Lager en Argentorata - Straßburg, Borbetomagus - Worms, Mogontiacum - Mainz, Rigomagus - Remagen un en Bonna - Bonn. Donoh komen se op et platte Land. Wie maach dat wal usjesinn han? Wann mer de Auge zomät, süht mer: ne Rhing, dä vill breider es, wie hückzedachs. Rächs un links ston Bäum un Strüch, die krütz un quer waaße. Se jon bes en et Wasser. Un em Bösch levven ußer zahme Deere wie Hase, Heeze, Rihcher, all Zoote vun Schlange un Vüjjel och weld Deere wie Luchs un Bär. Die sorjen op ehr Aat för Odenung. En der Jäjend muß et wal ärch jruselich jewäse sin. Et Naaks weed mäncheinem vun denne Römere ne Schudder üvver der Puckel jelaufe sin bei der Musik, die die all maachen däte.

Noh Bonna kom nor noch et platte Land. Ne Hüvvel wor nit ze sinn. Eesch do, wo hück uns Kölle steit, wor ne Kilometer, wo der Rhing nie drankom. Do schlochen de Römere dat nökste Lager op. He krächten de Ubier, die zwesche dem Rhing, Main un dem Westerwald soße, e neu Zehuus. Dat Oppidum Ubiorum wood jebore.

De Römere han versook, och op der andere, der Schäl Sick, wigger ze kumme, ävver die Jermane wore biestich un han die Römere immer widder op de linke Rhingsick jejach. Su af un an däten die Jermane sujar met ehre klein Bötcher erüvverfahre un die Römere ärjere. Su blev denne nix andersch üvverich, se däten Scheffe baue un am Rhing stazijoneere. Die Römere däten sage, dat es uns Classis Germanica Pia Fidelis (CGPF). Dat heiß: Uns Kreechsscheffe en Jermanie, die treu un zoverlässich sin. För de Zaldate wood e Kastell jebaut. Dovör loch der Hafe. Dat wor su öm 14 noh Chrestus. Wann de Zaldate nix ze dun hatte, däten se Ziejele brenne. Em kölsche Prätorijum ka'mer hück noch Ziejele sin, die dä Stempel CGPF han. Die Plaatz, wo dat Lager wor, kenne mer och: 3 km vum Oppidum Ubiorum der Rhing erop. Do es en Stell 18 m üvver dem Rhing. Hück steit do die Bismarck-Sül.
Bes en et 4. Johrhundert däte en dem Lager Lückcher wonne. Wat donoh wor, weiß mer nit. Ävver em 14. Johrhundert woß mer dat noch un hät deswäjen die Stell Antiqua Urbs, die ahl Stadt udder Antiquum Castrum, Alderburch jenannt. Em 16. Johrhundert hät mer us der Römerzick Jravstein vun Marinezaldate, Prezijose, Jläser un Döppe us Ton jefunge. Usjejrave han die Archäologe dat Kastell zick 1870 bes hück. Mer weiß derwiel, et wor an der Sick vum Rhing su öm 300 m lang, hatt fünf Ecke un wal drei Pooze.

Em Meddelalder wor öm de kölsche Stadtmor eröm nit vill los. Do wore nor Felder, su och bei der Alteburch. Die rude Funke wollte wick en et Land loore. 1209 soll an der Alteburch ne Toon met decke More jestande han. Em 14. Johrhundert stund he en Ungerkumme för Minsche, die der Ussatz hatte. Op enem Bild vum Hogenberg vun 1610 ka'mer op dem Hüvvel Alteburch ne Jalje sinn. Wä maach do all sing Levve jeloße han?
Och wann mer am Anfang vum vürrije Johrhundert an der Alteburch ne Park anläjen dät, met dem Baue jingk et eesch 1830 richtich los. En Kölle woren op eimol su vill Hüser, dat et ärch spack wood. För mih Platz ze han, moot mer vör de Stadtmor jon. En der Jäjend vun Bayenthal bauten der Bernhard Boisserée e jroß Holzsäjewerk. Dozo kom späder en Dampkesselfabrik, en Jeeßerei un en Maschinefabrik. Ävver om Jaljenberch blev ne Park. En singer Nöh leet sich der Paul Joseph Hagen e Landhuus baue. Dat kräch der Name vun singer Dochter Maria. Mer nimmp an, dat us däm Name un dem Name Alteburch späder der Name Marieburch jewooden es.

Fabrike un en schön Jäjend för ze wonne, dat stund he an eeschter Stell. Janz ähnz nohm dat der Ernst Leybold, der vun 1814 bes 1907 jeläv hät. Hä hatt an der Bonner Stroß en Weltfirma, die singe Name dragen dät. Singe Wunsch wor, de Marieburch sollt der schönste Vöroot vun Kölle wäde met Prumenade, vill Bäum un frescher Luff. Hä wollt e Plätzje han, vun dem mer et Sibbejebirch un et Bänsberjer Schloß sinn künnt. Un drömeröm sollte vill schön Hüser met jröner Praach jebaut wäde. Dat wor, su meinten hä, bei der Alteburch der Fall. Singe Wunsch es en Erföllung jejange. Et wood ein herrlije Villa noh der andere jebaut. Wann mer sich dodrüvver enformeere well, muß mer en die Böcher „Stadtspuren - Band 8" vum Wolfram Hagspiel erenloore. Mer kann nit ophöre met Staune, wann mer süht, wat der zesammejedragen hät.
Em letzte Kreech es op der Marieburch nit vill kapott jejange. Su es et ze verston, dat die Engländer he wonne un arbeide wollte. Em Mai 1945 trok der Militärgouverneur Patterson en de Lindenallee en; en der Zick vun 1949 bes 1951 woodte en Reih Hüser för die Engländer jebaut; un am 1. Februar 1954 jingk der BFN, et englische Radijo, en zwei Villas vum Dr. Alfred Tietz.

Met Jenoß ka'mer durch die Stroße un Allee vun der Marieburch jon un deef Luff holle. Wann mer jenoch jesinn hät un sich e beßje reste well, sollt mer nit versüme, en die Kirch St. Maria Königen ze jon. Dat es de letzte Arbeit vum Dominikus Böhm. Vill Leech strohlt vun der linke Sick. Se es janz us Jlas. Mer meint, die Strücher un Bäum vun der Marieburch däte en de Kirch erenwaße. Et es jrad esu, wie sich dat der Ernst Leybold jewünsch hät.

Zollstock, ne junge Vöroot

En Zollstock däte vör e paar Johre allt üvver 20.000 Lückcher wonne. Wann mer medden em Hätz vun Zollstock, an der Eck Höninger Weg / Gottesweg steit un sich dat durch der Kopp jon liet, ka'mer kaum verston, dat Zollstock fröher kein Dörp jewäsen es. Wat wor et dann? Dat sollte mer uns ens Fößje vör Fößje anloore.

Wie üvverall op der linke Rhingsick woren och do de Römere. De archäologische Wöhlmüs han 1928 am Zollstocker Weiher en römi-

Pfarrkirche St. Pius. Nach dem Krieg wieder aufgebaut von Karl Band

sche Jravkammer jefunge, die 3,8m x 3m jroß es. Die dät zo nem Boorehoff jehöre, dä janz en der Nöh stund. Et woodten ävver noch mih Saache us der Römerzick jefunge: us dem 2. bes 4. Johrhundert klein Pöttcher, Knoche un Nüsele an der Kirch vun St. Pius; Reste vun nem Bleisarch un ne Brunne vun ner Villa an der Schull vum Raderdaljödel; un e Römerjrav am Höninger Wäch met Jläser, Vase un Döppe us Ton met Nüsele us dem 3. Johrhundert. Wie de Römere fott wore, es en der Jäjend widder Bösch jewaße, sintemole et heiß, dat em 9. un 10. Johrhundert de Wälder met Name Husholz un Dierlo afjeholz woodte. Jetz wor do et wigge, wigge Land. Vör der Stadt wäde wal kölsche Boore ehr Felder jehatt han. Die däten et Veh op de Weid drieve, Koon, Kappes un Schavu un späder och Ädäppel un Tuback ernte. Dat woren de Kappesboore. Die Boorschlück däten sich em 14. Johrhundert zo ner Boorbank zesamme. Dat wor su en Aat Jenossenschaff. Noch hück jitt et en Zollstock de ‚Bäuerbankstraße'.

Dat muß ävver och die Jäjend jewäse sin, wo sich däm Ärzbischof Engelbert II. sing Lück opjestallt han, för en der Naach vum 14. op der 15. Oktober 1268 an der Ülepooz en de Stadt Kölle erenzekumme. Dat jingk jo, wie mer wesse, en de Botz. Un nohdem 1288 dä Ärzbischof Siegfried von Westerburg de Schlaach bei Worringe verloren hatt, dorf ne Ärzbischof nit mih noh Kölle eren, ohne dat hä am Bischofswäch ne Eid afläjen dät. Hä moot jedes Mol schwöre, dat hä de Freiheit vun Kölle nit antaasten dät. Su wor en der Jäjend vun Zollstock de Jrenz zweschen der hellije Stadt Kölle un dem Ärzbischof singem Kurkölle. An dem Bischofswäch stund späder och e Zollhüsje, ‚Zollstock' jenannt, wo de Boore us dem Vörjebirch ehr War verzolle moote, die se en Kölle verkaufe wollte. Doher hät der Vöroot singe Name.

Pfarrkirche St. Pius: Innenansicht

Em Meddelalder däte Lückcher en der Jäjend allt Ziejele maache. Dat hät sich bes en uns Däch jehalde. Wie Zollstock am 1. Aprel 1888 noh Kölle kom, hatt et 20 klein Hüsjer met 210 Enwonner. Die däte vum Ziejelemaache levve. Die Arbeider wore nit all us der Jäjend. En Häd kom och us Beljie. Kölsche Mädcher, die met su nem Jung karesseeren däte, hatte ne ‚Lischoa' als Fründ. Su noh un noh kome Fohrschlück, Käzefabrikante, Handwerkslück, Fabrikhäre un vill Biamte en dä kleine Vöroot. Su maach et wal kumme, dat Zollstock bei Lückcher, die nit us Kölle stamme, noch hück der Name ‚Klein Schutzmannshausen' hät. 1935 wood et Ziejelbrenne enjestallt. Öm dis Zick hatt der Vöroot en moderne Hüser allt üvver 15.000 Enwonner. Zollstock wor flöck jroß jewoode. Su wor et nüdich, dat se 1913 anjefange han, de katholische Faarkirch St. Pius ze baue. Nohm eeschte Weltkreech woodten die katholische Heilig-Geist-Kirch un die evanjelische Melanchthon-Kirch jebaut.

Och wann Bombe vill Hüser kapott jemaat han, flöck hatten de Zollstocker widder alles opjebaut. Ehre Vöroot es hück noch schöner wie fröher. He levve Minsche, die nit nor löstich un alät sin un met offe Ärme op andere zojon, nä, die künnen och hatt anpacke, wie anno 1900. Domols han 1000 Zollstocker 50.000 Mark op der Desch vun der Stadt jelaat, domet de kölsche Stroßebahn bes an der Kalscheurer Wäch fahre kunnt. A la Bonör!

Rondorf, en Dörp us der Frankezick

En ener Orkund, die us dem Johr 922 sin soll, steit, dat der Ärzbischof Hermann I. dem Stef vun Zint Ooschel en Kölle ne Hoff met Huus un Schör en ‚Rumenthorp' jeschenk hät. Dat es et eeschte Mol, dat mer jet vun dem Dörp höt. ‚Rumen' kütt vun dem fränkische Name ‚Hruam' udder ‚Ruomo' un hät nix met ‚rode', ‚afholze', ze dun.

Turm der alten Pfarrkirche "Heilige Drei Könige", der heute als Wohnhaus genutzt wird

Rondorf litt an enem ahle, usjedrüchte Rhingärm. Do jitt et jot Äd. De Boore künnen hück noch düchtich arbeide un ernte. Archäologe han vör e paar Johre Reste vun drei Hüser us der Römerzick entdeck. Do ka'mer annemme, dat domols en der Jäjend allt Boorehöff jestande han. Us Jräver vun de Franke han die Wöhlmüs Nüsele, Jlasbechere un Schmuck erusjebuddelt. Die Saache stamme us der Zick vum 6. - 8. Johrhundert. Op ener Landkaat vum Hogenberg, die su öm 1610 jemolt wooden es, steit ‚Rondorff' met e paar Hüser medden en Felder un Wiese. Dat sin der Jans-, der Bödinger-, der Büchel- un der Zehnthoff. Dä wood em letzte Kreech vun de Bombe kapottjeworfe, ävver die andere drei sin noch do. Em Jans- un em Bödingerhoff sin kein Boore mih dren. Us dä ahle Höff woodte Wonnunge jebaut. Et es jemötlich, wann mer en der Hoff erenjeit un süht rundseröm en denne ahle, nidderije Hüser Minsche wonne. Der Büchelhoff jehöt, wie vör üvver 100 Johre, der Familije Conzen. Un die dun och hück noch ehr Felder bestelle. En

Rondorf es die Tradizijon vun de Boore verhaftich an de zweidausend Johre alt.

Zick dem Meddelalder stund op dem Büchelhoff e Kapellche. Dat wor de Hellije Drei Künninge jeweiht. Mer weiß bes hück noch nit, wie et jekummen es, dat die Minsche vun domols die Patrune Kas-

Bödinger Hof

par, Melchior un Balthasar han wollte. He ne Üvverläch: öm dis Zick wor en der Jäjend vun Rondorf off Kreech. Villeich wollten se die Hellije en ehrer Nöh han, die helfen däte, dat Fridde en ehrem Dörp blev. Su brooten die Lückcher nit expree noh Kölle ze wallfahte.
Am Engk vum 19. Johrhundert wor dat Kapellche ze klein. Rondorf hatt bal 1000 Enwonner. Et wood en Kirch jebaut, natörlich zo Ihre vun de Hellije Drei Künninge. Dat Kapellche däten se afrieße. Un wie dat esu jeit: nohm letzte Kreech dät och die Kirch nit mih all Faarkinder packe. Et wood e Stöck met enem jroße Toon anjebaut. Un jot 20 Johre späder dät die Kirch widder us all Nöht platze. De Weihwasserkompanie moot sujar vör der Dör ston blieve. Dat kom

dem Pastur nit zepass. Op enem jroße Stöck Feld wood en moderne Kirch jebaut. Wie se enjeweiht wor, trok der Pastur en ener feerlije Prozessijon met dem Allerhellichste us der ahl en die neu Kirch.

Ävver wat sollt met der ahl Kirch passeere? Afrieße wor ze dör. Verkaufe wör jo en jot Saach. Ävver wä wollt die han? Et dorte wal lang. Op eimol dät sich ne Architek melde. Dä wollt en der Kirch sing Büros ungerbrenge un em Toon för sich un sing Famillich Wonnunge baue. Hä dät dem Pastur sujar verspreche, dat hä en der Kirch keine Blödsenn maachen dät. Dat maat ne jode Endruck, un der Architek Link kräch die Zosage. Hä dorf baue. Nohdem die Jlocke en die neu Kirch jekumme wore, jingk de Arbeit los. Mer hatt ävver der Endrock, die Arbeitslück däte nit fädich wäde. Et dät dore, dore un noch ens dore. Un die Rondorfer stoche en der Zick de Köpp zesamme un diskuteete, of dat all jot jingk met ehrer ihrwödije, ahl Kirch. Op eimol feelen de Jerüste; de Kirch soch us wie fröher. Un wa´mer su e beßje eren spingksen dät, moot mer faßstelle, der Architek hatt met singe Lückcher jot Arbeit jeleiß. Die Räsoneerese of Nöttelefönese hatte nit mih vill vörzedrage. Un die et fröher allt besser woßte, reefen us: „Dat Wunder vun Rondorf es do. Mer han et jo immer jesaat!"
Vun der Wonnung em Toon janz bovven huh ka'mer üvver janz Rondorf loore un en der Fäne sujar der jroße Broder, der kölsche Dom sinn. Dodren lijjen de Hellije Drei Künninge zick üvver 700 Johre en nem herrlije Schrein. Un wann et düster es, süht mer Leechter, die wie Päle aneneinjereiht sin. Mer meint, mer söß en ener Flochmaschin. Schad, dat mer do bovven nit sing eije Bett ston hät.

Rudekirche kütt vun Rouwenkirchen

Wann mer Rudekirche sät, muß mer an Zint Matän denke. Dä Name fingk mer en Rudekirche üvverall: Maternusplatz, Maternusstraße, Maternus Apotheke, Maternus-Kirmes, an enem Hellije-Hüsje un, nit ze verjesse, de Alt- un Neu-St.-Maternus-Kirche. Wä es der hellije Maternus, Zint Matän? Wann mer erömsöken deit, fingk mer dä tirektemang zweimol.

Der Bischof vun Mila schriev, dat am Friedach, dem zweite Oktober 313, Zint Matän us Kölle (Maternus ex Agrippina), en Rom wor. He soß hä met dem Bischof vun Rom, Miltiades, un andere Bischöfe zesamme, öm em Huus vun der Kaiserin Fausta em

Maternuskapelle

Lateran Jereech ze halde. Su kütt et och, dat die Kölsche annemme, dat Zint Matän noh 313 en Kölle en Bischofskirch jebaut hät. More dovun ka'mer hück noch ungerm Dom sinn.
Do es en der Schatzkammer och ne Stav vum hellije Petrus. Met dem soll der Zint Matän vum Dud widder zeröck en et Levve jefunge han. Un dat wor esu: Der hellije Petrus dät em 1. Johrhundert drei Männer noh Jallije schecke, dat woren der Valerius, der Eucharius un der Maternus. Se sollten missijoneere. Wie die drei em Elsaß ankome, storv der Maternus. Se däte in do bejrave. Der Valerius un der Eucharius hatte keine Moot mih, wigger ze trecke un jingke noh Rom zeröck. Der hellije Petrus wollt ävver, dat se met dem Maternus zesamme en Jallije arbeiden däte. Hä jov inne ne Stav un

scheckten die zwei widder nohm Elsaß. Derwiel wore 40 Däch vörbei. Wie se no der Lichnam vum Matän met dem Stav beröhren däte, stund dä op un wor su alät wie fröher.
Der Matän wood Bischof vun Treer, Tongern un Kölle. Do es hä noh 40 Johre jestorve. Häre vun Treer, Tongern un Kölle däten sich strigge, wo hä bejrave wäde sollt. Zo joder Letz han se jesaat, mer läjen der Lichnam en e Bötche un schecken it op der Rhing. Wo dat ankütt, do soll der Bischof Matän bejrave wäde. Fesche us dem Rhing han dat Bötche rhingop jedrevve. En der Jäjend, wo hück Rudekirche litt, kom et an Land. Do han de Lückcher dann e Kapellche jebaut, de Ruwenkirch. Dat stammp us dem 10. Johrhundert. Rouwen of Ruwen heiß suvill wie kriesche, Reu han. Dat ka'mer verston, sintemole de Kölsche kriesche däte, wie dä Lichnam nit en Kölle an Land kom. Och wann dat Kapellche em letzte Kreech vun de Bombe kapott jingk; et wood widder opjebaut un am 13. September 1954 vum Kadenal Frings enjesähnt. Dat se immer an der hellije Matän erennert wäde, han de Kölsche an ner Pooz vun ehrem Dom, dem Bahnhoff jäjenüvver, vun dem fromme Verzäll us Stein Bilder anjebraat.

Öm dat ahle Matän-Kapellche en Rudekirche han Lückcher Hüser un ne Boorehoff jebaut. 989 dät der kölsche Ärzbischof der Abtei Zint Mäte en Kölle der Fronhoff vun Rudekirche schenke. Die Orkund dodrüvver existeet noch. 1989 wood dat Feß 1000 Johre Rudekirche jefeet. Jroß wood Rudekirche nie. Noch 1814 däten do su öm de 400 Lückcher wonne. Dat wore mehschtendeils Boore. E paar Fescher fohre met ehre Bötcher op der Rhing un finge Fesche, die inne de Poller üvverich leete. Lingeboore troken Scheffe de Rhing erop un maate em ‚Treppche' e Päusje, öm jet jäjen der Doosch ze dun.

Heiligenhäuschen St. Maternus

Och wann sich der Rhing immer widder met Huhwasser melden deit, de Rudekirchener verston, met im ömzejon. Fröher hatten se

am Rhing ehr Strandbad; hück jeneeßen se ehr Riviejera met echtem Sand; Ruderbötcher sin en janze Häd för der ahl Matäns-Kirch ze sinn; un die ‚Alte Liebe' weed vum Rhingwasser jedraage.
Wie 1888 Bayenthal un de Marienburch noh Kölle kome, loch Rudekirche vör der Pooz vun Kölle. Ävver de ‚Hungsfänger' of ‚Hungsfresser', su sat mer fröher för de Rudekircher, hatte unger ehrem ‚Lüchbaum' afjesproche: „Meer welle en selvständije Jemeinde blieve." Eesch 1975 wor et su wick. Rudekirche dät sich nit mih sträube un kom noh Kölle. Wören de Hungsfresser doch selvständich jeblevve, dann hätt hück de Autobahnbröck der Name: Maternus-Brücke. Mer hät et inne jünne künne.

St. Servatius in Immendorf

Immendorf, fröher Iminethorp, es vun 948

Lück ze befroge es zick Johre jroß en Mod jekumme. Dat maache mer jetz och. Alsu: Kennt ehr dat Neß - Pardong - unsen Stadtteil Immendorf? - Wann dat nit der Fall es, es dat och kein Schand. Schleeßlich kom dä eesch 1975 noh Kölle. Un ußerdem hät selvs unse ahle Ovverbürjermeister doför Verständnis. Hä meinte vör e paar Jöhrcher, dat wör jo nor e klitzeklein Stöckelche vun Kölle, ävver met jroßer Tradizijon. Un dozo muß mer noch sage: Die Immendorfer hange met janzem Hätze an ehrem Dörp. Wodran ka'mer dat merke?

St. Servatius. Kruzifix mit Korpus aus dem 15.Jahrhundert

Die Ahle vun uns wesse, dat am 20. Juni 1948 die Währungsreform wor. Jeder vun uns kräch 40 D-Emcher en de Hand. Et fingk alles neu an. Un jrad en dä Däch stund denne Lückcher vun Immendorf der Kopp noh Tradizijon un feere. Un dat wor vum 6. bes 27. Juni. An dem Dach wor sujar der huhwödichste Här Kadenal Frings en der Faarkirch Zint Zervazies un hät e Pontifikalamp jefeet. 1000 Johre wor Immendorf jewoode. En ener Orkund vum kölsche Ärzbischof Wikfrid weed dat Kirchdörp 948 ‚Iminethorp' jenannt. Wo maach dä Name wal herkumme? Hät der jermanische Jraf Immo he sing Hand em Spill? Kütt der Name doher, dat dat Kirchelche medden em Bösch udder Wasser jeläjen hät? Der huhwödije Här Dr. Lennartz, dä vun 1916 bes 1925 Pastur en Immendorf jewäsen es, meint, dat der Name ‚Imme' vun dem althuhdütsche Woot ‚imbine' - dat sin uns Beie - köm. Och dat künnt wal müjjelich sin. Wie sät mer su schön: „Nix Jenaues weiß mer nit!" Dat es un bliev wal e Jeheimnis. Un dovun jitt et en Immendorf noch e paar. Öm dohinger zekumme, mät mer sich et beß op de Söck un jöck dohin.
Do existeet zick 1973 ne Bürjerverein. Wat kann einem besser passeere, wie wann der Bövveschte vun dem Verein met einem durch dat Dörp trick.

Meddendren steit wie vör üvver 1000 Johre die Kirch op nem Hüvvel, ‚Heidenberg' jenannt. Dä es su en 13 m huh. Drömeröm es der ahle Kirchhoff, dä hück noch der Kirch jehöt. Dat es en Kölle villeich wal nit noch ens der Fall. He wäden die Immendorfer wie vör üvver 1000 Johre bejrave. An der Pooz vum Toon es de Huusnummer 38 anjebraat. Minge Föhrer meinte: „En Huusnummer hät en Kölle nor noch der Dom. Op die Nummer 38 sin mer stolz." Hinger dem Altar steit e Krütz. Der Korpus es us dem 15. Johrhundert. Et Schmuckstöck en der Kirch es ävver die Kanzel. Die stammp vun Zinter Fring. Bes en et 18. Johrhundert hät dä Hellije der

Kirch singe Name jejovve. Zickdem es se op der hellije Zervazies jeweiht. Woröm der Name jewäßelt wooden es, dat weiß mer nit. Villeich loch et dodran, dat dä hellije Zervas bei Feber helfen dät. Un dat jov et en Immendorf wäjen dem Sump vum Rhing mih wie jenoch. Un wann mer op de Urjelsbühn jeit, ka'mer vun bovven sinn, wie jroß die ahl Kirch wor. Em Foßboddem sin die ahl More enjeretz.
Hück sprich mer üvverall dovun, dat sich de Fraue emanzipeere welle. Dat hät en Immendorf die Witfrau Conzen allt 1852 fädich jebraat. Sei sollt jet för de Kirch springe loße. Dat hät se eesch jedon, wie die Fraue en eijene Pooz en de Kirch hatte. Jetz brooten se nit mih hinger de Mannslück eruszejon. A la Bonör!

Immendorf es och hück noch e Stöck Dörp jeblevve, och wann en Häd neu Hüser jebaut woode sin. Die Lückcher arbeide nit mih wie fröher om Zauns- oder Bitzerhoff. Se jöcke noh Kölle udder Wesseling. Jefeet weed ävver em Dörp. He jitt et jemötlije Eckelcher jenoch, wo mer jot esse un drinke kann. Un wann mer ens vun Immendorf fott wor, es mer fruh, wann et widder op Heim anjeit. Hät mer am Gillessenhoff jot de Kurv jekratz, dann weiß mer: dat ahle Iminethorp, de Heimat, es nit mih wick.

St. Nikolaus

Duffesbaach un Sölz

Die Duffesbaach, en Kölle einfach die Baach jenannt, kütt us dem Vörjebirch en der Nöh vun Hürth. Do heiß dat Bächelche dann Hürther Bach. Der Prufesser Wrede meint, der Name ‚Duffes' köm vun ‚tuifsten', wat hück

‚Tuffstein‘ heiß, us dem mer Traß mohle kunnt; die Müll stund an der Duffesbaach. Un die Baach wor allt immer do, eh dat mer jet vun Sölz jewoß hät. Dat Wasser vun der Baach wor op jede Fall jot. Dat hatten die Römere bal spetz jekräje. Die wollte fresch Wasser en der Stadt han un han die Baach kanaliseet. Dat Wasser kom do, wo hück die Stroß ‚Im Laach‘ es, durch die römische Stadtmor en die Colonia Claudia Ara Agrippinensium. An der Berrenrother Stroß en Sölz sin vun der Wasserleitung noch zwei Saache üvverich jeblevve: nevven der Stroß steit ne Stump vun dem Aquäduk, un em Jrönjödel ka'mer hück noch e Becke sinn, wo der Mölm us der Baach sich setzte. Durch die Jäjend vun Sölz han die Römere och en Stroß jelaat. Die jingk üvver Zülpich, op Lating Tolbiacum, noh Treer, dat domols Oppidum Treverorum heißen dät. An der Jrein-

Historische Postkarte.

stroß en Sölz es ene Mielewieser us der Zick su öm 300 noh Chrestus jefunge woode. Dodrop steit, dat et vun do us noch 2200m bes noh Kölle wor.

En der Jäjend wor söns, sulang wie mer denke kann, nie vill los. Villeich loch dat dodran, dat et öm die Baach eröm ärch sumpich wor.

Der Name Sölz kütt wal och vun ‚Sul', wat Sump heiß. No loch em Meddelalder hinger der Stadtmor vun Kölle dat Kluster Zint Pantaljun. Mer nimmp an, dat der Ärzbischof Anno II. dem e Terräng en der Jäjend vun Sölz jeschenk hät. Su noh un noh kom eine Boorehoff nohm andre an die Baach. Dat sollen an de nüng Stöck jewäse sin. Dovun es hück en Sölz noch dat Wießhu-us an der Luxemburjerstroß üvverich jeblevve. Et eeschte Mol ka'mer dodrüvver 1378 jet lese. Der Hoff heeß och ens Alba Domus. Die Lück vum Wießhuus un dem Sölzer Hoff, der heeß späder Neuenhoff, han domols wal zesammejear-beit. Dann jov et noch der Fronhoff. En singer Nöh stund e Kapellche, dat dem hellije Zinter Klos jeweiht wor. Op Pingsmondach trok en Prozes-sijon vun Zint Pantaljun noh dem Kapellche, bes dat et 1474 em ‚Nüßer Kreech' kapott jemaat wooden es.

Weißhaus

Öm die Baach jov et em Meddelalder immer widder Krach. Die Kölsche broote dat Wasser för ze jerve, färve, wevve un Filz för Schohn ze maache. Die Handwerkslück woren all an der Baach. För ze arbeide wor fresch Wasser nüdich. Die Borschlück vör der Stadtmor wollten ävver Wasser han, för ehr Felder ze versorje. Wann se dat dodrop laufe leete, jov et en Kölle kein Wasser. Dat leet sich der Rot vun Kölle nit jefalle; et jov immer widder Knaatsch. Eimol wood sujar der Paps, Johannes XXII., öm Hölp anjerofe. Ävver och dä kunnt nit helfe. Et wood am Anfang vun der Baach immer widder Wasser jekläut. Dat jingk üvver e paar hundert Johre su wigger.

Op ener Landkaat vun 1803-1820 sin dat ‚Weißhaus' un der ‚Neuhoff' enjedrage. Söns steit en der Jäjend kein Huus. 1845 hät dann der Heinrich Wagner, dä Hüser bauen dät, do Land jekauf. Hä wollt Sand, Kis un Leim han. Dodrus maat hä Ziejele. Un jetz woodten Hüser jebaut. Lück kome noh ‚Sülz', wie et 1869 et eesch-te Mol em Grevens-Adressboch stund. En der Zick däte bal 500 Minsche en Sölz wonne. Un dann wor et su wick. Kölle dät de Hand op Sölz läje. Em Johr 1888 wood dä Vöroot e Stöck vun Kölle. Do moot natörlich och en eije Faarkirch hin. Die wood dem hellije Niklos jeweiht, weil et fröher do dat Niklos-Kapellche jejovven hät. 1992 hät Zinter Klos en Sölz et Hundertjöhrije jefeet. Hück es dat Neß vun fröher e staats Stöck vun Kölle. Am 1. Janewar 1999 däten do üvver 32.000 Lückcher wonne. E jroß Deil vun denne jeit us Tradizijon nohm Stadijon, wann ehre FC spillt. Denn 1948 han sich der ‚Kölner Ballspiel-Club' un die ‚Spielvereinigung Sülz 07' zesammejedon un der 1. FC Köln jejründt. Su af un an jeit dä ens bade - ävver nit en der Duffesbaach. Dann ka'mer die us luuter Wot hatt ruusche höre. Dat ka'mer nohpröfe. Joht ens noh nem verlore Spill an die Baach em Jrönjödel.

Historische Postkarten

Ling immer en Nas vörop

Wat mät mer nit all, wann mer us de Nöht platz? Der ein deit ens faaste, der andere käuf sich en Botz, wo hä sing Büchelche dren versteche kann. - Un wat mät en Stadt, die en Mor drömeröm un drenne kein Plaatz mih för zo baue hät? Vör däm Problem stund Kölle vör su en 150 Johre. En Wonnung en der Stadt wood esu dör, dat mer noh Jrund un Boddem vör dem Wall Usschau halden dät. Su jau wor ne kölsche Bürjer met Name Thelen. Dä hatt die Idee, en der Jäjend vun der Dürener Stroß Hüser ze baue, wo de Kölsche jot un bellich dren wonne künnte. 1846 wor dat eeschte Huus fädich. Un su noh un noh kom ein Huus zom andere.

„Krieler Dömche", auch „Krieler Kirchelche" genannt

Beim Buddele stallt mer faß, dat en der Jäjend allt vör 7000 Johre Minsche jewonnt han. Do han wal zesammejenomme 100 Fachwerkhüser jestande. Die Lückcher funge en ehrer Jäjend Ton un däte Keramikpött maache. Jäsch, Weize un andere Saache vun de Feldere woodten dodren jekoch. Weil die Lück ehr Pött rundseröm verzeerte, nennt mer die hück ‚Linienbandkeramiker'. Us der Römerzick han de Archäologe zwei Kanne us Brongks, en Pann met nem Stil un e paar Steinsärch jefunge.
Dann wood et stell öm die Jäjend. Su öm dat Johr 800 eröm soll Karl der Jroße, wie hä op dem Wäch noh Kölle wor, em Krieler Kirchelche der Faarhär Hildebold jetroffe han. Dä hät dem Kaiser Karl su imponeet, dat hä in als Ärzbischof vun Kölle vörjeschlagen hät. Dat es ene fromme Verzäll, an dem jet Wohres dran sin künnt. Vun dem kleine Kirchelche, dem ‚Krieler Dömche' hät mer Fundament-

more jefunge. Die sollen us der Frankezick stamme. Dat Dömche es verhaftich e Raritätche. Mer sollt et vun Zick zo Zick jesinn han.

Mer nimmp an, dat der Name ‚Ling' vun dem Woot för der Baum ‚Lind' kütt. Die muß do wal jestande han. Ahl Kölsche däten sage, wann se en die Jäjend jingke: „Mer jon vör de Pooz noh Ling." Ne andere Üvverläch es, dat Woot ‚Ling' kütt vun ‚Lint', wat esu vill heiß wie ‚Land' of ‚Feld'. Wo hück Ling es, wor verhaftich vill Feld. Op einem Stöck däten de Protestante zick dem 16. Johrhundert ehr Dude bejrave, bes der Napoleon Anfang vum letzte Johrhundert der jroße Kirchhoff Malote anjelaat hät. Dodrop moote dann all Kölsche un die Dude us der Jäjend bejrave wäde.

Stadtvilla auf der Dürener Straße / Ecke Kitschburger Straße

Wie no em vürrije Johrhundert en Ling jebaut wood, däten se de Hüser nit all an de Stroße stelle; et wor off vill Land met Bäum, Strüch un Wies drömeröm, wie he op der Eck Dürener/Kitschburger Stroß. En Huus, wat em letzte Kreech kapott jejangen es un nit mih opjebaut wood, es de Falkenburch. Die wor su staats, dat die Blaue Funke die 1897 op ehrem Feßwage unger dem Motto: „Die Erstürmung der Falkenburg" drop hatte.
Ling es en Jäjend, wo mer jot wonne kann, zomol wick un breit kein Fabrike ehren Döff en de Luff blose. Do ka'mer verston, dat unse ahlen OB. a.D. Dr. Konrad Adenauer vun 1911 bes 1933 en der Brucknerstroß jewonnt hät. Hä dät dann doför sorje, dat die Uni vun der Claudiusstroß noh Ling kom. Am 5. Aprel 1934 wor de Enweihung.
De Lindenburch wor vör jot 100 Johre en Jeckenanstalt. Et Fleutenarnöldchen hät do en nem Pangksijonshuus zick 1876 jewonnt. Do kunnt hä sing Fleut spille un en Rauh en der Dach eren levve. Am 25. Oktober 1902 es uns Arnöldchen och do jestorve. Us der Jeckenanstalt es dat jroße Universitäts-Krankenhuus jewoode.
Vör dem letzte Kreech hatten die Karmelitinne op der Dürener Stroß Nr. 89 e Kluster. Dodren hät vun 1933 bes 1938 die jüdische Philosophin Edith Stein jeläv. Ehre Name hinger de Klustermore wor: Schwester Teresia Benedicta vom Kreuz. Sei es 1942 en Ausch-

witz ömjebraat woode. 1998 hät der Hellije Vatter die Frau hellich jesproche.

Och wann Ling ne junge Vöroot es, et hät vill för uns ahle, kölsche Sproch un ehr Deechter üvverich. Sechs Stroße sin noh inne benannt. Wann mer en dat kölsche Telefonboch 1995/96 loort, ka'mer faßstelle, dodren existeet met der Poßleitzahlnummer 50935 en Ling de Wilhelm-Koch-Stroß. Doot se ens söke! Die jitt et janit. Dä echte kölsche Jung, Wilhelm Koch, dä 1845 en der ‚Maschmingestrohß' (Maximinenstraße) jebore wood, hädden dodrüvver bestemmp en singe ‚Kölsche Scheldereie' e löstich Verzällche jemaat. - Och wann et die Stroß jetz nor om Papeer jitt. Wie sät mer? Wat nit es, kann noch wäde!

Villa mundestorp alias Müngersdorf

Die Vitalis-Kirch en Müngersdorf steit op enem Hubbel. Ich jläuve, wann mer vun do us durch de Looch tirektemang op der kölsche Dom anjeit, kütt mer bei däm op der Spetz an. Lück, die jet vun der Saach verston, wesse, woher dat kütt. Die sage: en Müngersdorf fängk de Meddelterrass vum Rhingjrave an. Bes doher es niemols et Rhingwasser jekumme, wie dat söns en Kölle usus wor. Op dem Hubbel wor et immer drüch. Un do es jode Mutterboddem. He han allt vör 7000 Johr Lückcher jewonnt. Vun denne hät mer Stein jefunge, wo die met jearbeit han, un Döppe us Keramik. Us der Zick donoh sin Waffe, Metze, Kümp us Keramik un Schmuck jefunge woode.

Historische Postkarte

Ävver en der Jäjend jingk et richtich los, wie die Römere kome, su öm 50 eh dat unse Här jeboore wood. Die han do ehr Boorehöff anjelaat, dat se methelfe kunnte, ehr Lückcher en Kölle ze versorje. Die Römere däte för ehre Boorehoff ‚villa rustica' sage. An der Plaatz stund ävver nit nor ein Huus. Dat wor e klein Dörpche met enem jroße Huus för de Herrschafte un kleine för de Arbeitslück un för et Veh. Die Hüser för fing Lück hatten sujar Foßboddemheizung un en eijene Wasserleitung, die och e Schwemmbad versorjen dät. Zwei ‚villae rusticae' han se en Müngersdorf jefunge: die ein stund an der Jahnwies un die andere an der Stolberger Stroß. Dat die Boore jet an de Föß hatte, ka'mer an denne ehr Foderkaat aflese. Do stundte nit nor Brut, Jemös un Fleisch drop, onä! Die däten och fingste Saache wie Muschele, Schnecke un sujar Oostere kimmele. En de Jräver, die dröm eröm wore, loche Jeldstöcke us Jold,

Krippe in der Pfarrkirche St. Vitalis

jeschleffe Jlasschale, Bechere un Kanne us Jlas un Keramik. Hück dät mer sage: „Et Feinste vum Feinste!" 1960 han die Wöhlmüs vum römisch-jermanische Museijum ne Jlasbecher jefunge, do han se all de Muul nit mih zojekräje. Sujet jitt et nor eimol op der Äd. Dä Becher ka'mer met Wöd nit beschrieve, dä muß mer jesinn han.

Hä es 12,1cm huh un 10,1cm em Durchmesser. Bovven am Rand steit op jriechisch ne Sproch, dä heiß op Kölsch: „Proficiat, läv jot, e Levve lang!“ He muß et jesaat wäde: och wann en de Böcher vun de Wessenschafler steit, dä Becher wör en Braunsfeld jefunge woode; dat stemmp nit. Dat wor en der Stolberger Stroß 368 en Müngersdorf.

Diatretglas [4. Jahrh.] Grabbeigabe eines Grabes, das 1960 bei Ausschachtungsarbeiten unweit der Stolberger Straße entdeckt wurde

Noh 500 Johre jingken de Römere fott; de Franke kome. Us der Zick es ußer e paar Jräver nit vill üvverich jeblevve. - Der Name vun dem Dörp, dat do stund, steit et eeschte Mol en ner Orkund vun 980. Do heiß et ‚mundestorp‘. Mer nimmp an, dat ne Jutshär ‚mundin‘ jeheißen hät. Doher soll der Name kumme. Mundestorp wood immer andersch jeschrevve: 1214 mundenstorp, 1608 munderstorp, 1610 Mungeßdorff, 1776 Mungerstorff un 1802 Müngersdorf. Die janze Zick üvver däte en der Jäjend Boore op de Feldere arbeide. Un wat dät sich, nohdem de Franzuse fott wore? 1839 fohr de eeschte Ieserbahn vum Thürmchenswall, vum ‚Töönche‘, noh Müngersdorf; 1885 jöckten de Pädsbahn vum Dom üvver der Nümaat noh Müngerdorf; 1888 kom Müngersdorf noh Kölle; 1923 wor uns Stadijon fädich, dat der Konrad Adenauer an der Plaatz han wollt; un 1947 wood de ‚Deutsche Sporthochschule Köln‘ nevven et Stadijon jebaut.

Ävver e Dörp, dat es Müngersdorf jeblevve. Su sät et unse Heinrich Böll noch 1965. Do ka'mer verston, dat eesch am Engk vum letzte Johrhundert en Müngersdorf anplaaz dem kleine Kirchelche en jroße Faarkirch dem hellije Vitalis ze Ihre jebaut wood. Dat es der Schotzpatrun vun de Deenslück, de Mäde un Knächte. Wie ärch die Lückcher us Müngersdorf ehr Dörp jän han, ka'mer an de Chreßdäch faßstelle. En der Kirch es dat ahle Dörp opjebaut, su wie et bes 1888 usjesinn hät. Der Stall steit en dem Huusenjangk jäjenüvver vun der Kirch. Dat Huus do nevven stammp us dem 18. Johrhundert. Un och dat ahle Wächkrütz es ze sinn. Minsche us dem Dörp ston öm de Krepp eröm. Un medden unger inne es der huhwödije Här Ditges, dä vun 1928-1955 en St. Vitalis Pastur wor. Die Krepp muß mer jesinn han. Wann mer vun do fottjeit, ka'mer sich om Heimwäch noch ne ‚Ahle Ditges‘, ne leckere Schabau dem Pastur ze Ihre, hinger de Bind kippe.

Junkersdorf, e Kappesdörp met vill Villas

Wann mer de Öcher Stroß us der Stadt erusfäht, ston hinger Malote nor noch fing Hüser. Dat jeit ävver eesch richtich los, wann mer et Stadijon hinger sich hät. Wä kennt nit der RTL? Dat es do. Rächs un links vun der Juschjöckstroß jehöt dat janze Terräng bes an de Autobahn noh Junkersdorf. Un wann mer links en der Vogelsanger Wäch erenfäht, süht mer och nor neu Hüser met Jädens drömeröm. Wo maach et wal lijje, dat ahle Gunteresthorp? Dat dä Ärzbischof Bruno met ener Orkund vum 25. Dezember 962 dem Stef Zint Cäcilije us Kölle jeschenk hät. Mer muß allt fies söke. Ävver op eimol steit se op enem Hüvvel vör einem: die ahl Kirch vun dem Dörp. Wann mer do erenjon well, hät mer Pech jehatt. Drömeröm spille klein Kindercher. Zickdem et en neu Kirch Zint Pankrazijes jitt, es do en Verwahrschull erenjekumme. Op enem Schild, dat de Stadt Kölle hät anbrenge loße, ka'mer lese, dat die Kirch et eeschte Mol 1223 erwähnt wooden es. Et heiß dann wigger, et wör wal müjjelich, dat allt öm 898 op der Plaatz en Kirch jestanden hät. Dat künnt met dem Name Gunteresthorp zesammehange. En Kölle jov et nämlich zick 850 ne Ärzbischof met Name Gunthar, dä 871 jestorven es. Andere Lück meinen, der Name köm vun ‚Dorf der Junker'.

Eingang zum Frohnhof

Wann mer allt ens en der Historije am wöhle sin, dann fange mer och vun vöre an: Mer fahre en Jedanke met nem römische Reisewage us dem ahle Kölle, dem Colonia Claudia Ara Agrippinensium, erus noh Ooche. Dat dät domols Aquisgranum heiße. Hinger der Pooz vun Kölle ston rächs un links jroße Jedenkstein. Do wäden Dude us der Stadt bejrave. Su noh zwei Kilometere fange Felder an. Un he un do süht mer e beßje vun der Stroß af ne Boorehoff. Die kölsche Römere müsse jo jet ze esse han. Mer sin allt en Reih vun Kilometere jefahre, do sinn mer op der linken Sick ne staatse Hoff, dä soll vun der römische Kaiserin Zint Helena e Jeschenk us dem 4. Johrhundert sin. Wann dat stemmp, dann es dä Hoff, der späder ‚Frohnhof' heiß, der Anfang vun Junkersdorf. Der Hoff met singem Kapellche existeet noch. Anplaaz Plöch, Mähmaschine un Köh ston hück Rickpäder en de Ställ. Em Hervs feere die Kirmesjecke wie annodozomol Johr för Johr et Erntedankfeß me'm Kirmesmann, met enem Kunzät un enem Renne met Schürreskare. Dann sin och Pänz us der janze Welt, schwatze, wieße, rude un jäle enjelade. Franziskus Reichsgraf Wolff Metternich hält om Fronhoff sing Hand üvver dat Feß. Der Statthalterhoff, dä mer hück och noch sinn kann, soll allt vör 1000 Johre bestande han. Der moot vill Land för uns Stadijon afjevve. Der ahle Junkersdorferhoff es 1983 afjebrannt un neu opjebaut woode.

Gedenkstein für Wilhelm Schneider-Clauss

Noch em vürrije Johrhundert wor Junkersdorf e klein Neß, wie mer op Landkaate vun 1826 un 1845 süht. Et jov allt en katholische Kirch un en katholische Schull. Nor lantsam wood dat Dörp, dat zo der Bürjermeisterei Lövenich jehören dät, jrößer. Noch 1928

stundten do 210 Hüser, wo 1657 Lückcher dren wonnen däte. Ävver vör dem letzte Weltkreech jingk die Bauerei los. De ‚Stadionsiedlung' wood jebaut. Dat wor ne neue Oot. Vun singer Faar kunnt späder der ahle Pastur Wilhelm von Capitaine, dä 1948 jestorven es, met Räch behaupte, dat dat der schönste Oot am Rand vun der Weltstadt Kölle wör.
He han Lück jewonnt, die wick üvver ehr Heimat bekannt jewooden sin: Der Pater Ildefons Herwegen, Abt vun Maria Laach; unse unverjeßlije kölsche Deechter Prufesser Wilhelm Schneider-Clauss; un der Willy Schneider, dä Kölle üvver Johrzehnte met singer Baritonsstemm bejlöck hät. Keiner kunnt de kölsche Nazijonalhymne „Ich möch ze Foß noh Kölle jon" su vun Hätze singe wie dä.
Am 1.1.1975 wor et esu wick. Die Jemeinde Lövenich kom met Junkersdorf noh Kölle. Hück wonnen en dem staatse Stadtteil üvver 10.000 Lückcher, die keine Kappes mih ernte. Nevven vill Villas ston noch e paar klein, ahl Hüser. Die muß mer söke, ävver se verzälle vum ahle Junkersdorf, dat 1962 et Dausendjöhrije feere kunnt.

Ihrefeld 2000 Johre internazijonal

Mer soll et nit jläuve, ävver Ihrefeld wood am Stammdesch jebore. Am 14. Janewar 1845 soß der Antiquarius Franz Anton Kreuter met singe Fründe em Bräues ‚Zum Kaiser' en der Ihrestroß bei nem Jlas Kölsch - udder woren et och e paar mih? - un die han beschlosse, em ‚Ziegelfeld' vör der Stadtmor en Stadt ze baue. Die sollt der Name ‚Ihrefeld' han. Am 31. Oktober 1845 wood et eeschte Jrundstöck jekauf un dann jingk et loß.

Blick vom Neptunplatz aus auf die Zweigstelle der Sparkasse und das Kaufhaus Julius Blum [1921]

Woher kütt wal der Name ‚Ihrefeld' udder wie die Kölsche och sage ‚Ehrefeld'? Ne Jung us dem Veedel sat mer, dat he fröher jroße Felder met Kappes, Schavu un Koon jewäse wöre. Op dem Brunne vör dem Neptun-Bad es och en Jarv met Koon enjemeißelt. Ehrefeld köm deswäje vun Ährefeld, su es sing Versijon. Ävver et jitt och noch en andere, un dobei muß mer e beßje usholle. En Kölle un drömeröm fängk mer et beß bei de Römere an. En de Johre vun 50 bes 70 noh Chrestus wood öm die Colonia Claudia Ara Agrippinensium - uns ahl Kölle - en Mor jebaut. Die hatt nüng Pooze; ein Pooz en der Nöh wo hück der Dom steit, drei dem Rhing zo, zwei an der Baach un drei

Historische Postkarte

nohm Weste. Die meddelste vun denne drei Pooze stund do, wo hück de Breitestroß es. Die Pooz wood em Meddelalder Erenporce op Lating Porta Honoris, Ehrenpforte, jenannt. Su heeß och die Pooz en der spädere, jroße Stadtmor.
Wo kütt der Name Ihrefeld no her? - Der Kölsche kennt kei Woot för Ähre, dat es för in ‚Frooch'. Wann mer bedenk, dat der Kreuter met singe Fründe en der Ihrestroß jesessen hät, dann kann der Name Ihrefeld nor för dat Feld vör der Ihrepooz jemeint sin - uns Ihrefeld.

No es om Ihrefeld zweschen de Römere un dem Stammdesch vum Kreuter doch noch e beßje passeet. En Kölle jitt et su mänch fromme Verzäll. Einer dovun es dä vun Zint Jirejun un singer römische Legijon. Die Zaldate sollen all us Äjypte, us Theben, jewäse sin. Et wore Chresteminsche en all Klöre. Wie die Zaldate en Kölle nit op ehr Kneen feele un dä römische Kaiser als Herrjott anbedden däte, han die Römere die all afjemurks. Bejrave han se dä hellije Jirejun un sing Zaldate do, wo hück die Kirch Zint Mechtere steit. Der Name kütt wal vun ‚ad (sanctos) martyres - zu den (heiligen) Märtyrern‘. Dat soll em 5. Johrhundert jewäse sin. Dat Feld heeß allt em 11. Johrhundert ‚ad martyres‘, Zint Mechtere. Sechs Kapellcher un Kirche woodte bes hück op der Plaatz jebaut.

Om Ihrefeld wore en der ahl Zick immer Minsche, wann och ärch winnich. 1840 sollen et 32 jewäse sin. Ävver donoh woodte Lück jebruch för Ziejele ze maache un en de Fabrike ze arbeide. Do wor et eesch de Tapetefabrik vum Philipp Hoffmann. Un su noh un noh komen immer mih dozo. 1860 wor et die Firma 4711. Die dät et eesch Seif maache. En denne Johre moot och en Jasfabrik jebaut wäde. Domols däte en Ihrefeld allt su en 1500 Lückcher wonne. Dann kom en Jlashött dozo. Un mäncher Handswerksmeister dät he sing Jeld verdeene. Su wor et nüdich, dat allt 1863 en eijene Poß en dat Dörp kom, dat dann 1867 en selvsständije Jemeinde un 1875 met 8500 Minsche en eijene Stadt wood. 1877 fohr et eeschte Mol en Pädsbahn durch Ihrefeld. Wä hät domols dodran jedaach, dat hundert Johre späder de U-Bahn unger der Venloer Stroß jöcken dät? Durch dat ahle Ihrefeld troke Päder met ehrer decke Fott bes en uns Zick dat Bier vum Gerhard-Hermann Sester frei noh singem Wahlsproch „Trink fester mein Bester!“ Wie der Kaiser Wilhelm I. 1884 noh Ihrefeld kom, kunnt der allt dat Helios-Elektricitätswerk AG. bewundere. Piel opräch steit hück noch der Leuchtoon an der Ieserbahn un deit blinke wie Anno dozomol. Nor 13 Johre blev Ihrefeld en Stadt; dann kom et noh Kölle.

Neptunbrunnen.

Allt immer wor en Ihrefeld e bungk durchwaaße Völkche. Andreas Leonard Lersch, bekannt als dat kölsche Orijinal die ‚Läsche Nas‘, hät en der Noßbaumerstroß 82 jewonnt. Als Hungsfänger dät hä en singer ‚Kurheil-Anstalt‘ Meddelcher jäjen de Schwindsuch verkaufe.

Heinrich Maria Hoster, unse ‚Antun Meis‘, Bejründer der ‚Narrenzunft‘, wor he zehuus jenau esu wie der Thomas Liessem un unse

Krätzjessänger Ludwig Sebus. Vill Freud hät uns och der ‚Ehrenfelder Kinderchor' jemaat, dä en der janze Welt Kunzäte jejovven hät. Un dann wood unse Oberbürjermeister a. D., Dr. Norbert Burger, om Ihrefeld jebore. Noh der Schull hät hä op Jura studeet; dann wor hä bal bei der Stadt em Schullamp. 1970 wor hä Sozialdezernent, un 1975 kom hä en der Stadtrot, dä in am 28. Oktober 1980 zom Oberbürjermeister jewählt hät. Sing Verdeenste sin esu jroß, dat hä nit nor zom ‚Präsident des Weltgemeindeverbandes IULA', sundern och zom bövveschte Oberbürjermeister vun der janze Welt, der ‚Waclac', jewählt wooden es. Am 24. November 1999 han die Kölsche in zo ehrem Ehrenbürjer jemaat. Och wann hä en huh Dier es, hä blev ne Ihrefelder met ech kölschem Hätz un Jemöt. Wie deef hä met singer Heimat verwoozelt es, kunnt jederein faßstelle. Hä hät üvver en lang Zick sambsdachs en der Rundschau als Antonius sing „Kölner An- und Einsichten" jebraat.

Werbung der Firma Pellenz-Krane

Su wie unse ahle Oberbürjermeister met der janze Welt verbungen es, su internazijonal es och dat Völkche om Ihrefeld. Bal 33% sin Usländer; op der Venloer Stroß süht mer an de Jeschäfte, Weetschafte un Kioske Name en türkischer, italienischer, jriechischer, chinesischer un wer weiß en wat noch för Sproche. Un die ka'mer och op de Stroße höre. Ävver Ihrefelder sin se all. Jot deit et an de Ohre, wann mer, wie kaum en nem andere Veedel, echte kölsche Tön höt. Wie sat minge Jung us dem Veedel: „Op Kölsch un Türkisch kannste dich he üvverall ungerhalde!"

Zick 6200 Johre levve Minsche en Bocklemünd / Mengenich

Et deit einem jot, wann mer ens su richtich de Muul voll nemme kann. 6200 Johre es verhaftich en lang Zick. Dat jeit einem üvver et Züngelche wie e lecker Kölsch. Of die lange Zick wal wohr es? - 1930 han ming Fründe, die archäologische Wöhlmüs, do wo hück Mengenich steit, et eeschte Mol Spetze vun Piele, Fiddelbohre un klein Metzer jefunge, die all us Stein sin. Donevve lochen Schirvele

Eingangshalle zum jüdischen Friedhof

us Ton, die rundseröm besondersch schön dekoreet wore. Dann woodte vör 30 Johre em Boddem Reste vun Pöl jefunge, die zo Hüser us jeflächte Wigge jehören däte. Dat all wor der Bewies dofför, dat he vör 6200 Johre e Dörp jestanden hät. Die Lückcher,die dodren jewonnt han, nennt mer hück ,bandkeramische Boore'. Saache us Brongks un Ieser han se us der Zick donoh jefunge.

Ävver su richtich jingk dat los, wie die Römere kome. ,Magniniacum' heesch dat Landjot us der Jäjend, vun dem der Name ,Mengenich' herkütt. Un dann steit em Römisch-Jermanische Museijum en Kölle ne Weihestein för de ,Dea Virtus', en Jöttin met Kurasch un freschem Mot. Dä Stein es en Bocklemünd jefunge woode. Wo dat jenau wor, dodrüvver sin se sich nit einich. Et künnt do jewäse sin, wo de eeschte Kirch jebaut wooden es, an der Römerstroß vun Kölle üvver Kleve noh Nimwege, dem römische Ulpio Noviomagus.

St. Johannes „Vor dem lateinischen Tore". Erbaut von Vincenz Statz

Die Kirch zo Bugchilomunti hät dä kölsche Ärzbischof Wichfried am 9.9.941 dem Stef vun Zizilje jeschenk. Och wann mer us der Römerzick bes dohin nix mih weiß, su darf mer doch annemme, dat en der Jäjend Minsche jewonnt han. Nit ömesöns wor do en Kirch. Us dem ,Bugchilomunti' wood em ,liber valoris' em 14. Johrhundert ,Buchelmunthe' un dodrus Bocklemünd. Dodren steit och, dat Mengenich en die Faar vun Bocklemünd jehören dät, un do woren drei Boorehöff: der Arnolds-, der Fetten- un der Weyerhoff. Us dem Arnoldshoff han se en de letzte Johre klein Hüser jemaat. Die ston em Karree apaat öm der Hoff met ner Wies, Strüch un Bäum.

Vill Minsche jov et nit en der Faar vun Zint Jan. 1816 wonnten en Bocklemünd 157 un en Mengenich 81 Lückcher, 1843 woren et 272 un 156. Ävver et woodten immer mih. Dat ahle Kirchelche moot

afjeresse wäde, domet medden em letzte Johrhundert en neu Kirch jebaut wäde kunnt. Su richtich jingk dat Levve los, wie en der Zick af 1965 op de Wiese vun Mengenich en neu Stadt jebaut wood. Üvver 10.000 Minsche wonne en der Eck zwesche Militärringstroß, Venloer Stroß un Autobahn. Wann mer dodrüvver jöck, ahnt mer janit, wie jemötlich et en dem neue Veedel es. Do jitt et all Zoote vun Hüser: niddrije un huhe, jroße un kleine, met un ohne Jade. Un die ston öm die katholische Kirch Christi Geburt un die evanjelische Auferstehungskirch eröm.
Wann mer üvver die Venloer Stroß erüvverloort, dann süht mer do der WDR met singe Hüser, wo Filme för et Schluffekinema jemaat wäde. Do es uns Bocklewood udder Hollymünd. Su internazijonal es die Jäjend.
Op der andere Sick vun dem Militärring litt der Jüddekirchhoff Bocklemünd. Zick 1918 wäden he Jüdde bejrave. Am Enjangk steit ene Bau, dä vun dem Architek Robert Stern en de Johre 1929/30 jebaut wooden es. Op dem Kirchhoff steit meddendren e Denkmol, denne Jüdde ze Ihre, die en der Zick vun 1933 bes 1945 ömjebraat woode sin. Dat Unräch, dat domols passeet es, darf nie verjesse wäde. Och wann die Jüdde vill jeledde han, för die es wie fröher et Jrav e „Huus, wo et Levve es". Der Jedanke an sterve un levve lijjen selvs am Jrav noh beienein. Dozo jehöt och et Levve he op der Äd. Bocklemünd / Mengenich es met singe 6200 Jöhrcher et beste Beispill doför.

Neppes es un bliev et ‚Ausland'

Wann mer schriev ‚En Neppes wor nih jet loß!', dann deit dat keiner jläuve un röf: ‚Dä kennt uns Veedel nit, söns künnt dä su jet nit behaupte. Dä hät kein Ahnung! Dä paß en die selve Keß wie dä, dä neulich en der Zeidung jeschrevven hatt, dat et om Neppeser Maat nor friedachs Fesch jöv.' Ävver su e beßje es doch wohr dran, dat et en un öm Neppes eröm üvver en lang Zick ärch räuhich wor.

Die Römere schrömte vun Kölle noh Nüß, dat heeß domols Novaesium, üvver en Stroß, die medden durch die Jäjend leef, wo hück uns Neppes litt. Rächs un links loge Felder, wo die römische Boore ‚Kappes un Schavu' jetrocke han. Die Wöhlmüs vum

Marktstand auf dem Wilhelmplatz

Römisch Jermanische Museijum han en der Jäjend Stein vun ener Foßboddem-Heizung us dem 2. Jh. jefunge. Die wor vun enem Boorehoff. Un Boorehöff han bes en et 18. Johrhundert immer do jestande. Su heiß et, dat der Name ‚Neppes' vun enem Hoff stammp, der op enem Hüvvel (der Name soll vun nepp / nipp = Anhühde kumme) stund. ‚Neppeshoff' ka'mer en de Annalen et eeschte

Mol 1252 un donoh 1558 finge. Of der Name ‚Neppes' verhaftich vum Neppeshoff herkütt, dat weiß mer nit. Der Reinhold Kruse hät janz deef en de Historije vun Neppes erömschnäuv un meint, et jöv sechsehn Versijone dodrüvver, wie Neppes an singe Name jekumme wör. Un dä Dr. Heribert A. Hilgers hät noch neu Versijone dobei jedon.

Täglicher Markt auf dem Wilhelmplatz

Dat eine steit faß, en Neppes wor allt fröh en Weetschaff. Dat ka'mer verston. Lückcher, die vun Nüß noh Kölle wollte, mooten ungerwäjes och ens tanke, besondersch wann et wärm wor. No jov et en der Weetschaff nit nor Milch un Wasser, die Neppeser han su e jot Beer jemaat, dat sujar die Kölsche durch die Eijelsteinspooz dohinkome, öm eine hinger die Bind ze kippe. 1672 un donoh immer widder hät der kölsche Rot sing Bürjere jewarnt, dat Beer ze drinke. Hä meinte, dat un der Schabau künnte einer raderdoll maache. Ävver dat Beer wor wal su jot un bellich, dat die Kölsche immer widder en et ‚Usland' jingke, för eine ze petsche. Brut un Schinke woren do och wal bellich enzekaufe. Su es et ze bejriefe, dat dä Freßklötsch noh Neppes trok, sich satt esse un met veer Brude un zwei Schinken op Kölle an marscheeren dät. Wie hä an der Eijelsteinspooz doför Stör berappen sollt, hät hä sing janze War verkimmelt. Em Usland kunnt mer zollfrei enkaufe.

Och wann op ener Landkaat vun 1807/09 der Name Neppes ze sinn es, et wor e klein Neß. Der Boor Friedrich Frenger dät öm dis

Zick sing ‚Franzuse' vum Neppeshoff us rejeere. Wie die Preuße kome, fingen die Neppeser pö a pö an, Ziejelstein ze backe. 1817 wonnte 273 Lückcher en ehre klein Hüser. Die däten och en der Postelingfabrik Cremer un Monheim arbeide. Ävver dann jingk die Jemötlichkeit en Neppes an en Engk. Et wood ein Fabrik noh der andere jebaut. 1838 dät der Jakob Mayer en ner Ziejelhött erömexperementeere un der Joßstohl erfinge. Späder jingk hä noh Bochum. Us singer Firma wood der ‚Bochumer Verein'. Der Jakob Auer hatt zick 1850 en Müll un en Säjewerk. 1908 wood die Firma an der Düxer Hafe verlat. 1859/60 woodten die ‚Zentral-Eisenbahn-Werkstätten' jejründ op enem Terräng vun 60 Morje. Der Name vun der Sechzigstroß erennert noch dodran. 1862 fing der Franz Clouth met singer Jummifabrik an. 1869 wor en Neppes die Firma Vorster un Grüneberg ze finge. Die Firma jingk späder noh Kalk un hatt dann der Name Chemische Fabrik Kalk. Noh 1871 woodte en Neppes Schohn jemaat un Käze jedriht. 1878 dät dat Bräues ‚Feldschlößchen' e lecker Beer maache. En Neppes, em Usland, wor jet loß!

Kölle dät us all Nöht platze. Die ahl Stadtmor wood afjeresse. Land un Dörper drömeröm sollte noh Kölle kumme. Do es et kei Wunder, dat der kölsche Rot de Häng och noh Neppes usstrecken dät. Am 1. April 1888 wor et su wick. Neppes kom zesamme met Mauenheim, Nehl und Riehl noh Kölle. Neppes wor nit mih Usland. Kölsche woodten sujar Neppeser. Do es för e Beispill der lange, fussije Fritz Hönig ze nenne. Hä wood 1833 en Kölle en der Breitstroß jebore un dät späder sing Pumpe un Feuerwehrspritze en Neppes maache. Vun dem Hönig stammp et eeschte „Wörterbuch der Kölner Mundart". Hä hät ävver och en Häd Verzällcher, Rümcher un Stöcke för et Hännesje un de Cäcilia Wolkeburg jeschrevve.
Neppeser woodten och Kölsche. Uns Lis Böhle, dat su herrlich vun un üvver Neppes en Mungkaat jeschrevven hät, wood he jebore un es he jroß jewoode. Och wann der B. Gravelott, alias Albert Vogt, en Mauenheim jebore wood; sing Eldere sin us Neppes, un en singe Böcher ka`mer nit nor vill üvver die Jäjend, nä, och üvver janz Kölle lese. Met Hätz un Jemöt un pingelich jenau hät hä zesammejedrage, wat de Feschers en Kölle erläv han. Wie die Neppeser an Kölle hange, hät 1993 dä ‚singende Prinz', Wilfried Junggeburth, met singem Leed „Eimol Prinz ze sin en Kölle am Rhing" jezeich. Die Tön sin

em Fastelovend vun Kölle nit mih fottzedenke. Hemet hät hä sich un de ‚Appelsine Funke' vun 1903 en Denkmol jesatz.

Noch immer sagen die Kölsche, wann se noh Neppes fahre, mer fahre en et ‚Ausland'. Dat hät nix domet ze dun, dat do hückzedachs och vill Lückcher us Jriecheland, Italije un der Türkei wonne. Mer versteit sich. Op Türkisch un Kölsch ka`mer jeden Dach om Maat enkaufe. Wann die Frembcher och Usländer sin, mer hät dat Jeföhl, se sin all en Neppes, en Kölle, ze Huus. Un jederein, dä vun do kütt, sät met Stolz: „Ich ben ene Jung us Neppes!"

Riehl hät uns am Ködche

Hirschstatue von 1860 Zwei dieser Statuen flankierten früher den Eingangsbereich des Zoos

Riehl litt op enem kleine Hüvvel, dat ka'mer faßstelle, wann mer vun der Amsterdamer Stroß üvver de Barbara- noh der Boltensternstroß jeit. Do kom der Rhing niemols her. Su es ze verston, dat en der Jäjend allt janz fröh Minsche jewonnt han.
Der Name ‚Riehl' künnt vun dem keltische Wot ‚rigol', dat heiß su vill wie ‚Floß', kumme. Am Rhing ha'mer noch en Stadt met enem Name, der vun dem keltische Wot kütt: Rigomagus, dat es Remage. Mer nimmp an, dat en der Riehler Jäjend su öm et 6. bes 2. Johrhundert vör Chrestus Minsche jeläv han. Dat sollen die Eburone jewäse sin. Die han de Römere usjerott un doför die Ubijer anjesiddelt. Vun do us jingken de Römere der Rhing eraf noh Dormage, Nüß bes noh Xante un noch wigger. Rächs un links vun der Stroß han se ehr Dude bejrave. Op der rächte Sick han die Archäologe en Riehl an der Xantener Stroß en Jravkammer met Dude jefunge; an der Amsterdamer Stroß woren et Jräver, un an der Boltensternstroß han de römische Müllmänner ehre Dreck afjelade. Dat woren Stöcke vun Ziejele, Schirvele vun äde Pött, Tellere, Bechere un Saache, die se am Bau nit mih jebruche kunnte. Noh der Römerzick wor et öm Riehl wie üvverall en unser Jäjend janz räuhich.

St. Engelbert. Erbaut von dem Architekten Dominikus Böhm

Öm 1200 wood ne Toon en der neu kölsche Stadtmor jebaut, ‚Riehler Toon' jenannt. Un der eeschte Baumeister vun unsem jotische Dom soll Meister Gerhard von Rile jeheiße han. Su ka'mer et nohlese. Et es alsu anzenemme, dat Riehl en der Zick ne Oot met Reputazijon jewäsen es. Et jov och e Huus för ahl Lückcher un e Kran-

kenhuus för Minsche, die der Ussatz hatte. Do bruch mer sich nit ze wundere, dat Riehl bes 1437 dem Benediktinerkluster Mönchengladbach un dann dem Zisterzijenserkluster Altenberg jehören dät. Die Häre vun Berg hatten am Rhing allt öm 1200 ehr Fingere em Spill. Do fohr rejelmäßich en Fähr vun Müllem noh Riehl. Domet han die Häre vill Jeld verdeent. Der Jan Wellem dät, wie et heiß, 1700 en ‚flejende Bröck' baue loße. Die Preuße jöckten späder met enem Naache un 1872 met ener Drohtseil-Fähr üvver der Rhing. 1888 kom an die Stell bes 1929 en Scheffsbröck. Un vun der Zick an kunnt mer die jroße Hängebröck bewundere.
Zeröck en dat Riehl em Meddelalder. Su pö a pö blevve vun dem blöhende Oot nor noch e paar Boorehöff üvverich; et wood Kappes jetrocke. Die paar Hüser hät 1784 dat Huhwasser met Iesjangk all kapott jemaat. Vun dem ahle Riehl wor nix mih do!

Dat en der Riehler Jäjend e frei Jelände wor, kom de Preuße jot zopaß. Su kunnten se do e Fort un op der Müllemer Heid ne Exerzeerplatz anläje. Et wood ein Kasän noh der andere jebaut. Vill Zaldate wore en Riehl stazijoneet. Vör dem eeschte Weltkreech sollen et 10.000 jewäse sin. Riehl fingk widder an ze floreere. Die Kammißköpp broote nevven Nih- un Stoppjaan, dat se kaufe moote, vör allen Dinge jet ze drinke un Verjnöje. Dat wor de Kölsche nor räch. En der Stadt kunnt mer kaum noch odeme. Et wor üvverall e beßje ärch spack. Se wollte ne Zoolonische un en Flora. Mer moot vör de Pooz jon. Platz jenoch wor en Riehl. Alsu wood jebaut. 1860 kunnt mer em kölsche Zoo Elefante, Löwe,Tijere, Zebras, Bäre un wer weiß wat noch all sinn. 1864 wor en der Flora et eeschte Kunzät met vill Leechterjlanz. Un nohdem Riehl 1888 noh Kölle jekumme wor, woodten he vill Bude jebaut, wo mer singem Verjnöje nohjon kunnt. Dat Veedel kräch der Name ‚Jolde Eck'.
Donoh stund de Lückcher noh 1918 nit mih der Kopp. De Nüsele un och die Zaldate wore fott. Ävver zom Jlöck jov et ne Konrad Adenauer, der an ze wirke fingk. Wonnhüser woodte en Riehl jebaut. Am Rhing däten se ne Schotzdamm jäjen et Huhwasser maache. Hück ka'mer dodrüvver spazeere jon. Wie de Besatzung fott wor, wollt der Adenauer, dat us de Kasäne en Ungerkunnef för ahl Lückcher jemaat wöd. Am 1.11.1927 troke en de ‚Riehler Heimstätten' die eeschte Lückcher en.
Un dann moot jo och en Kirch en die neu Jäjend. Noh enem Plan vun dem Architek Dominikus Böhm wood am Riehler Jödel en

janz moderne Kirch us Stohlbeton jebaut, Zint Engelbät. Die kräch bal der Name: ‚Zitronepress'. Su süht se och us. Noh dem letzte Kreech hät der Kadenal Frings, weil singe Dom kapott wor, dodren e paar Mol en Meß zelebreet. Am Sylvesterovend 1946 sat hä en singer Prädich, dat sich jeder en su ner schwere Zick dat zom Levve nemmen dörf, wat hä bruchen dät. Dodrus han die Kölsche dat Woot ‚fringse' jemaat.

Noh der Franzusezick jov et en Riehl kein Lückcher mih. Frembcher komen dohin. Och dodrus sin jode, echte Kölsche jewode. Dat wor noh dem letzte Kreech jenau esu. Wä kennt in nit, der Puutedokter Henner Berzau. En Magdeburg jebore, kom hä 1945 noh Kölle un es he jeblevve. Bei singe kleine un jroße Pazijente hät hä jeluustert un vill noteet. 1978 hatt der Henner, wie in sing Fründe nenne, met singer Quetsch Premijere. Zickdem hät hä uns üvver 250 Leedcher jeschenk. Un wann hä met dem Uschi Werner-Fluß als ‚Schneiwießje un Ruserut' op der Bühn steit, dann weed et einem wärm öm et Hätz. Eine Refräng fängk an: ‚Leedcher, die han uns am Ködche'. Un wann mer die Riehler fröch, dann wäden die wal sage, dat se vun do nit fott welle; Riehl hät se all am Ködche.

Nehl es noh am Wasser jebaut

Niehler Dom, auch „Altes Niehler Strandkirchlein" genannt

Wann ich de Amsterdamer Stroß jrad us durch de Ungerführung am Nehler Damm fahre, meinen ich off, ich wör an der ‚Waterkant'. Hinger enem huhe Damm looren Spetze vun Krane, un wann et Wasser vum Rhing huh jenoch es, och Maste vun Scheffe erus. Un dann jeit et e janz Stöck lans der Damm. Am Engk dovun ka'mer der Rhing sinn, dä en enem jroße Boge ärch breit es. Wä Wasser kennt, dä kann sich vörstelle, dat et an der Plaatz bei Huhwasser och allt ens unjemötlich jewooden es. Su es et ze verston, wann dat Nehler Dömche hinger ener Mor verstochen es, dat dat Wasser nit esu leich dodran kann. Dat Kirchelche, och ,Altes Niehler Strandkirchlein' jenannt, es us dem 13. Johrhundert. Domols stund et su en 350 m vum Rhing fott. Ävver Huhwasser en de Johre 1740, 1746 un 1784, dat met decke Iesbrocke anjeruusch kom, wor esu schlemm, dat vill Land fottjespölt wooden es. Dat Kirchelche stund op eimol tirek am Rhing.

Historische Postkarte

Durch der Rhing han de Nehler immer jeledde, och noch hückzedachs; vum Rhing däten de Nehler ävver och levve. Su lang mer zeröckdenke kann, hät janz Nehl Fesch jefange. Denne ahle Fescher weed nohjesat, dat se ehre Kulleje em Ömland immer en Nas vörop wore. Ehr Angel met der Schnor, de Wipp un Trätsch woren immer ne Däu besser wie die andere. Jefesch wood et janze Johr üvver: Em Janewar fingk et an met Hech un dann jingk et wigger met Makrele, Karpe, Nüngauge, Forelle un Bärvjer. Wie jot dä Lachs jeschmeck han muß, ka'mer wal dodran erkenne, dat de Nehler e Strößje noh dem Fesch, de ,Lachsjaß', jenannt han. De Nehler dun zick bal 40 Johre nit mih fesche. Dä letzte Fescher, dä Schiefer's Theo es 1961 met 82 Johre jestorve. Villeich han de Nehler et Fesche dran jejovve, weil dä Rhing su dreckelich jewooden es. Do künne mer jo hoffe, dat dat bal ens widder andersch weed.

Mer muß sich wundere, dat an die Plaatz üvverhaup Lück hinjetrocke sin. Ävver die ahl Römerstroß, die vun Kovvelenz bes noh Xante un wigger jingk, leef do lans. Us dem Johr 927 stammp de eeschte Orkund vun ēnem Oot met Name Nyhel. Dodrus es Nehl, Niehl jewoode. Wo maach dä Name wal herkumme? Schlau Lückcher sage, do stich dat Woot ,Nöll' dren. Un dat bedück esu vill wie deck, rund, immer bovve. Un verhaftich steit et Nehler Dömche op nem Hüvvel. Un dodröm eröm han de Minsche ehr eeschte Hüsjer jebaut. Dat wor dä Anfang vun dem Fescherdörp Nehl.

Et müsse wal hade, eijensennije Lückcher jewäse sin, die do op der ‚Seekant' jewonnt han. Un die han met Maach am Ahle faßjehalde. Dat dun die Nehler hück noch. Vör e paar Johre trof ich en Nehl ne Fründ, dä ich lang nit mih jesinn hatt. „Och“, sagen ich, „do wonns jetz he? Fröher wors do doch an der Baach zehuus. Do bes also ne Nehler jewoode.“ Do dät minge Fründ mich opkläre: „Ne Nehler es dä, däm sing Famillich zick Jenerazijone he wonnt. Wä hehin trick, weil hä e Mädche us Nehl hierot oder he baut, dä es ne halve Nehler.“ Su streng jeit et alsu hück noch en Nehl zo.

Us dem Fescherdörp Nehl es en de letzte 100 Johre ne Vöroot met vill Industrie jewoode. Noh dem eeschte Weltkreech hät dä Oberbürgermeister Konrad Adenauer dä Nehler Hafe anläje loße un 1930 zesamme met Henry Ford I dä Jrundstein för de Ford-Werke jelaat. Un trotzdem hät Nehl vill us der ahl Zick behalde. Mer kann sich do wohl föhle, och wann mer e Frembche oder ne halve Nehler es.

Gedenkstein zur „Schlacht bei Worringen" im Jahre 1288

Vör su en 100 Johre han se janz decke Wackermänner, die an der Sebastianstroß loge, enjejrave. An der Spetz Sebastianstroß / Nehler Damm däten en de letzte Johre openeuts decke Stein ne Parkplatz zeere. Jetz sin se fott. Op die och enjejrave woode sin?

Worringe üvver 2000 Johre alt

Wann mer sich die Dörper öm Köllen eröm anloort, muß mer faßstelle, die Boore wore janit esu domm, wie mer en der Stadt off denk. Die han och üvverlaat, wie mer Jeld spare kunnt. Se däten ehr Dörper unger eine Hoot brenge un nannten dat Bürjermeisterei. Su hatten se nor eine Bürjermeister un ein Stell, wo der schrefflije Krom för se all jerejelt wood. Et jov för e Beispill op der Schäl Sick de Bürjermeistereie Merrem un Kalk un op der linke Rhingsick Worringe. De Lückcher en de Dörper däten ehr Arbeit, wie se et jewennt wore. Om Land woodte Koon, Jemös un Ädäppele jetrocke; am Rhing däten se Fesch fange; do, wo en Baach wor, stundte Mülle för Mähl un Öl ze

Herrenhaus Schloß Arff, um 1900

maachen udder och Schmidde, en denne allerhands ieser Krom jemaat wood. Wann Maat wor, troken de Lückcher vum Land noh Kölle un däten ehr Saache verkaufe. Dat fluppten janz jot.

Su för en hundert Johre dät op eimol de Stadt Kölle ehren Ärm usstrecke un wollt de Dörper drömeröm han, ein nohm ander. Su schung et. Ävver su wor et nit. Alle beids, Kölle un de Dörper, wore dran intresseet, beienein ze finge. Mer kann nohlese, woröm de Bürjermeisterei Worringe noh Kölle jekummen es. Un dat wor esu: Nohm eeschte Weltkreech troke vill Lück noh Kölle. De Stadt dät us all Nöht platze. Et sollten Hüser un Fabrike jebaut wäde, dat de Mannslück met ehre Famillije en Ungerkumme un Arbeit krijje kunnte. Dat wor nor müjjelich, wann Land vun der Bürjermeisterei Worringe noh Kölle kom. Op der andere Sick hatten die Boore Jeld nüdich för Stroße un en Ieserbahn ze baue. Ußerdem wollten die jung Käls ehr Jeld en Fabrike verdeene, die en der Nöh loge. Worringe un Kölle woodten sich bal einich. Der Oberbürjermeister vun Kölle, unse Konrad Adenauer, dät zosage: et sollte Fabrike un ene Hafe jebaut wäde; en Wasserleitung un en Kanalisazijon wood en Usseech jestallt. De Bürjermeisterei Worringe sollt noh Kölle kumme. Domet woren se all enverstande.
Un su kom am 1. Aprel 1922 de Bürjermeisterei Worringe met Feldkassel, Fühlingen, Kasselberg, Langel, Merkenich, Rheinkassel, Roggendorf, Thenhoven un Weiler noh Kölle. Jo, un jetz wor Kölle, wat et Land anjingk, de jrößte Stadt vun Preuße noch vör Berlin. All Bürjere vun Kölle woren stolz un däten sich en de Bruß schmieße.

Un trotzdem dröck mich jet, wann ich dodran denke. De Bürjermeisterei Worringe jitt et nit mih. Dat han ich jemerk, wie ich medden en Worringe op dem ahle Schullhoff stund. Zick 1988 steit do e Denkmol. Dodrop ka'mer lese, wat en Worringe all passet es. Worringe es ene Oot, wo allt vör üvver 2000 Johre Minsche jewonnt han. Em Chorbusch sin drei jroße Jravhüvvele, die de Jermane jemaat han. De Römer däten ehr Stroß vun Kölle noh Nüß durch de Jäjend vun Worringe baue. Un en ener Orkund vun 922 steit, dat dä Oot domols ‚Worunch' jenannt wood. Do es Worringe drus jewoode. Am 5. Juni 1288 wor de beröhmte Schlaach bei Worringe. He däten sich de kölsche Bürjer un ehr Fründe met dem Ärzbischof vun Kölle kloppe. 1100 Zaldate sin jefalle, 700 woode jefange jenommen udder hatten ehr Knoche kapott. Am Engk moot dä Ärzbischof zosinn, dat hä fottkom. Hä hatt verlore. Un zickdem dorf hä och nit mih noh Kölle kumme.
Och en de Johre 1474 un 1586 wor en der Jäjend vun Worringe

Kreech. Die Lückcher han jedesmol alles verlore. Un trotzdem han se der Kopp nit hange loße. Se han immer widder opjebaut. Wie et do usjesinn hät, süht mer noch am Fronhoff, en dem der Schultheiß zehuus wor, un an der ahl Kirch op der Nüßer-Landstroß. De neu Kirch es vun 1835. Dodren han se de Urjel us der ahl Kirch opjestallt. Dat Jehäuse es us der Zick vun 1750, e Schmuckstöck us dem Barock.

Et jöv noch vill üvver Worringe ze verzälle: üvver et Bruch, et Schöffekrütz, de neu Kirch, der Krebbelshoff, et Wurringer Platt, de Kirmes un der Fastelovend. Ich han mer verzälle loße, do möt mer ens herjon. Of ich do och ens op en Sitzung kummen darf? - Dem Völkche vun Worringe ka'mer nor wünsche: blievt esu, wie ehr immer wort, löstich un alät, och wann ehr för de Poß hück nor noch ein Nummer vun Kölle sid.

Schäl Sick

Düx moot vill ligge

Die Türme von St. Heribert

Nit ömesöns han die Düxer ne Bock als Symbolfijor. Se han sich immer wehre müsse. Anno 310 wood dat Castellum Divitia vun de Römere jejründ, weil de Jermane ze frech jewoode wore. En hölzer Bröck, die dä Kaiser Constantin jebaut hatt, dät domols jode Deenste. Dodrüvver kunnt mer alles üvver der Rhing brenge, wat zom Levve nüdich wor, ävver och, öm de Jermane koot ze halde. Üvrijens existeet e Jeldstöck met der Mor un der Pooz vun dem Kastell. Die Münz wood 315 en Treer jemaat. Dodrop sin die Kölsche fies neidisch. En Anseech vun Düx, eh dat sujet vun Kölle existeeren dät. Dat jitt et janit.

Wie no dat Rejalt vun de Römere am Engk wor, do jingk der Zänk op der rächte Sick vum Rhing richtich los. Franke, Sachse un Karolinger kome un däten sich do kloppe. Eesch der Ärzbischof Heribert vun Kölle kunnt e beßje Odenung schaffe. Hä dät op der rächte Rhingsick, en Düx, en Benediktiner-Abtei jründe un e Kluster baue. Dat wor em Johr 1002 udder 1003. Öm dat Kluster eröm wor bes em 14. Johrhundert en Stadt, dat Oppidum Tuiciense. Se wood bal kapott jemaat. Un jetz sproch mer nor noch vum ‚Dörp' Düx. Donoh jingk dä Zänk wigger. Drei däten sich öm dat Neß kloppe: dä Ärzbischof un Kurfösch vun Kölle, dä Jraf us dem Berjische un de jroße Stadt Kölle. Dat hoot janit mih op. Och em Dressichjöhrije Kreech krächten de Düxer schwer jet op et Häupche. Am 20. Dezember 1632 dät dä schwedische Jraf Baudissin em Rubbedidupp dat kleine Düx en sing Täsch. Ävver die Kölsche kome met Zaldate en der Naach üvver der Rhing un däten de Schwede widder eruswerfe. En dem Toon vun der Faarkirch wor Pulver dren, un op eimol jingk et paf! Dä Toon dät en de Luff fleje. Och nohdem se Fridde jemaat hatte: dä Krach öm Düx dät nit ophöre. Un die ärm Lück mooten dat all ushalde.

Ävver och dä Rhing dät dem kleine Düx zosetze. Vun Zick zo Zick kom Huhwasser un dat nit ze knapp. Am schlemmste wor dat em Johr 1784. Zwei Meter wor et Ies huh. Wie dat jebroche wor, dät dat Wasser alle Hüser vun Düx fottspöle. Nor de Abtei met zwei jroße Hüser blev ston. Minsche sin nit versoffe, ävver 40 Päder, 500 Köh, 400 Schofe un 250 Ferke. Düx wor nih rich, ävver jetz wor et beddelärm.

Deutzer Freiheit um 1910. Im Hintergrund die Kirche St. Heribert

Un trotzdem: de Freud am Levve han de Düxer nih verlore. Et Düxer Schötzefeß weed et eeschte Mol 1429 en de Annale erwähnt. Dat es met et ältste en

unserer Jäjend. Un wann dat hück jefeet weed, dann es jet los. Wie heiß et en dem Leed: „Noh dem Düxer Schötzefeß do welle mer jon, un wann de Afsätz vun de Stivvele fleute jon!“
Dat et immer widder openeuts en Düx birchop jingk, doför han och de Jüdde jesorch. De Kölsche hatten se et letzte Mol 1424 us ehrer Stadt jejach. Un donoh han sich de Jüdde en Düx nidderjeloße. Se han sich jot met de Düxer verdrage. Wann e Feß jefeet wood, däten de Jüdde en jot Musik maache. Un en de Weetschafte kunnt mer e lecker Wingdröppche vun inne drinke. Em Johr 1665 han de Düxer met denne Jüdde zesamme kölsche Studente ens jezeich, wat de Botter koß. Die mooten höösch widder noh Kölle zeröck un kunnten de Jüdde en Düx nit an et Fell. Dä Ärzbischof Josef Klemens hät de Jüdde e Terräng för ne Kirchhoff jejovve. Dä ka'mer hück noch en der Nöh vun der Autobahn nohm Flochhafe besichtije.

„Düxer Bock“, Bronzeplastik von Gerhard Marcks

Noh der Franzusezick jingk et en Düx wigger birchop. 1822 kunnt mer üvver en Scheffbröck widder vun Kölle noh Düx jon. Späder wor et op Kaisers Jebootsdach usus, dat Kölsche un Düxer Pooschte sich op der Scheffbröck en Klöpperei jelivvert han. Mäncheiner vun dä Fetze hät sich em Rhing widderjefunge. Anplaaz der Scheffbröck kom 1859 en faste Bröck wie zo der Zick vum Kaiser Constantin. En Ieserbahn, de Deutz-Mindener, wood vun 1843-1847 jebaut. Dä Nikolaus August Otto dät singe Motor bastele. De Jasmotorefabrik wood jebaut. Un de Kammißköpp wore en jroße Kasäne. Noch hück sin denne Düxer de Mählsäck ene Bejreff. Düx wor jetz en Plaatz, wo mer am Rhing jot setze un feere kunnt. Em ‚Mariebildche‘ un em ‚Prinz Karl‘ wood mänch löstich Feß jefeet. Dä Düxer Rejissör Klaus Rohr hät em Divertissementche vun 1967 „Schäl Sick Storrie“ jezeich, wie et en Düx zo der Zick zojingk.

Un immer, wann jet los wor, wood de Fahn met dem Düxer Bock erusjehange. Dodrop wor en jroße Wooch met zwei Schale. Op der ein stund der Düxer Bock. Die Schal hingk janz deef. Op der andere Schal woren 99 Schnieder. Die kunnten jäjen dä Bock nit ankumme. Wie dat jekummen es, ka'mer en enem löstije Verzällche nohlese. Do jeit et öm e jung Pärche. Die Ahle vun denne hatten sich öm die Zwei hatt en der Woll. Vüjjel un ne Bock spille en jroße Roll. Die Storrie hät dä Hubert Kruppa en singem Boch üvver Düx levvensnoh opjeschrevve. Zick 1964 steit om Lorenzplatz op ener Sül dä Düxer Bock. Dat es en Brongksefijor vum Gerhard Marcks.

En der Pulitik un och bei der Poß jehöt Düx hück zom ‚Innenstadtbezirk'. Donoh es Düx, dat am 20. Februar 1880 als Vöroot noh Kölle jekummen es, jetz e Stöck vum ahle Kölle. Of dat alle Düxer räch es?

Pooz klein un doch jroß

Op der Schäl Sick jov et veer Städte, die Kölle enjesack hät. Dat woren Düx em Johr 1888, Kalk 1910, Müllem 1914 un zoletz Pooz 1975. Dat wor eesch 1951 Stadt jewoode un dodrop ärch stolz. Wat han sich die Poozer jewehrt! Se wollte nit noh Kölle. Johrelang sin se Sturm jelaufe. Dat ka'mer verston, wann mer us ener Orkund nohwiese kann, dat Pooz allt 1150 existeet hät. Ävver dat Sprattele

Rheinpanorama. Porz im Jahre 1935

Neues Porzer Rathaus

dät nix notze; noh der Wahl 1990 wor dat Thema vum Desch. Pooz jehöt jetz noh Kölle.

Met Pooz komen 13 Öder noh Kölle. Dovun sin e paar älder wie Pooz. An eeschter Stell es Langel ze nenne. Dat ka'mer en ener Orkund vun 965 lese. Dann es noch Westhove un Wahn anzeföhre. Af 1286 jitt et en Pooz en Haupjereech, dat för de janze Jäjend zoständich wor. Et existeet en Orkund met Sijel vun 1438. Dodrop sin der Berjische Löw, ne Turm met ener Pooz un Falljitter ze sinn. Dovun meinen se, stammp der Name ‚Pooz' af. He es et janze Meddelalder üvver en Amp met Jereech jewäse. Em 16. Johrhundert wor dat zoständich för all Jereechte bes an de Wupper. An der Spetz stund ne Ampmann. Dodrunger jov et bestemmp och fiese Käls, die off nit dat richtije Ordeil jesproche han. Die müssen immer noch böße. Joht ens en ener Hervsnaach üvver de Wahner Heid, do ka'-mer hück noch ne unjerächte Ampmann en singem rude Wöbche sinn, wie hä met Päd un Wage em Nevvel deef durch et Jestrüch jöck. Hinger dem sin all die Minsche her, die Roches op dä han. Su weed et noch vun de ahle Poozer verzallt.

Pooz wor ävver nit nor Ampsetz. He wood och düchtich jemaggelt. Jau Jüngelcher däten do ehr War vun de Scheffe, die vun Kovvelenz kome, aflade, öm se üvver de Stroß lans dem Künningsfors bes noh Oplade ze brenge un do widder op de Scheffe ze dun. Su kunnten se der Zoll vun Kölle spare. Dohin däten de Poozer Bauholz, Kalk, Kis un Schänzje livvere. Un noch bes 1950 fohren Scheffjer rejelmäßich noh Weiß op de andere Rhingsick. Em fröhe Meddelalder muß Pooz ne staatse Oot jewäse sin. Op ener Landkaat vum Erich Philipp Ploennies us dem Johr 1715 heiß et, dat Pooz e Dörp met vill Boorehöff jewäsen es. Dat dät ävver nit su blieve. Der Rhing froß sich op dem Wäch noh Kölle deef en et Ofer. Pooz wood kleiner. 1770 woren do nor noch 25 Hüser met 131 Minsche. Un 80 Johre späder däte en 56 Hüser 336 Minsche levve. Ävver Pooz blev, afjesinn vun e paar Johre, immer Ampsetz. Bes vör 150 Johre däten de Poozer vun Ackerbau un Veh levve. Dann komen de eeschte Fabrike. Et fing an met der Firma Felten & Guilleaume, su noh un noh woren et Zement- un Holzfabrike un nit ze verjesse: de Spejelfabrik Germania. Et jingk pielop met Pooz. Em Johr 1900 woren do 10.000 Enwonner. Et moote 1909 en evanjelische un en katholische Kirch un 1910 e neu Rothuus jebaut wäde. Un öm dat eröm wood vun 1979 bes 1982 dat neue Bezirksrothuus jefrößelt.

Ministerpräsident Kühn betrachtet ein Modell der „Neuen Innenstadt“

Em letzte Kreech feele nit vill Bombe op Pooz. Die Stadt wood jrößer; et jov immer mih Poozer. Un die han et verstande, e Stöckelche Selvsständichkeit ze behalde, och wann se zick 1975 noh Kölle jehöre. Su jitt et e Bezirksamt Pooz, dat faß su jroß wie der ahle Ampsbezirk es. Nor Heumar es erus- un Poll erenjekumme. De Poozer han för der Fastelovend ne eijene Ausschuß un et jitt och ne eijene Fastelovendszoch. Ävver su e beßje stolz sin de Poozer doch, dat se noh Kölle jehöre. 1989 woodte en dem jroße Krankenhuus 1133 Kindercher jebore. Et jov alsu jeden Dach drei klein Pözercher mih. Dat solle inne die üvrije Kölsche ens nohmaache. Die

„Hännesje Krepp" in der Pfarrkirche St. Egidius

Fidele Aujusse verjevve an Lückcher, die et verdeent han, der Titel ‚MAGISTER LINGUAE ET HUMORIS COLONIENSIS'. Un et soll sujar Poozer jevve, die sage, wann se en der wigge Welt sin, se wöre Kölsche. Dat ka'mer verston; su jroß es Pooz jo no och widder nit.

Schloß Wahn

Wahn em Milieu vun Knollendorf

Wie der huhwödijen Här Gottfried Kirsch 1962 als Pastur noh Zint Aegidius en Wahn jekummen es, hät hä wal an die Knollendorfer Schwitt vum Hännesje jedaach. Dröm komen die Type allt 1963 an die Krepp. Un dohin trecke jedes Johr vill Lückcher, för die ze bewundere. Ävver wat weiß mer eintlich üvver der Vöroot Wahn un sing Minsche?

Us der Meddel- un Jungsteinzick han die archäologische Wöhlmüs ne Schaber us brungjraue Feuerstein jefunge. Vun de Kelte han se Still vun Axe, Schöppe un Feschangele usjejrave; un us der Römerzick stammp ne Henkelkroch. Vill es dat jo nit us der ahle Zick, ävver dat eine ka'mer sage, he han de eeschte Minsche allt för 4000 Johre jeläv. Noh de Römere kütt, wie üvverall, e Loch em Projramm. Ävver em 11. Johrhundert steit en ener Orkund, dat en ‚Wanda', dovun kütt der Name Wahn, ne Ritterschmann met Name

Konradus ab Wanda jeläv hät. Hä dät sich an der Jrenz - dat heiß Wanda - vun denne vun Berg en Burch baue. Die han spanische Zaldate 1588 widder kapott jemaat. Ävver koot donoh hät der Jraf Schall zu Bell an der ahle Stell e Rokokoschloß jebaut, dat en enem Wasserjrave stund. Dat Wasser kom us enem ahle Ärm vum Rhing,

Der Flughafen Köln-Bonn kurz vor seiner Fertigstellung 1972

dä fröher bes hehin jingk. Et kann wal müjjelich sin, dat der Baumeister vun dem Schloß der Johann Georg Leydel wor. Dä wor ärch fließich un hät och dat Schloß Türnich, et ärzbischöflije Palä en Kölle un en Reih Hüser en Müllem jebaut. Dat Schloß Wahn wood 1785 der Rittersetz vum Freihär vun Zuydwick. Die Familich vun Eltz-Rübenach hät en ener Eck vun dem Schloßpark e Kapellche. En dem Schloß es hück en Institut vun der Uni Kölle. Do wäden Studente, die op Thiater studeere, schlau jemaat.

Der Wilhelm Becker hät vill en ahl Böcher vun der Schäl Sick jeschnäuv un erusjefunge, dat allt em Meddelalder en Wahn e Kapellche jestanden hät. Dat wood 1511 op der Name vum hellije Aegidius jeweiht un blev bes 1896 ston. Dann wood en neu Kirch jebaut, die hück noch steit. Am Enjangk es rächs an der Wand en

Epithaph us dem Kapellche. Dat erennert dodran, dat he 1656 der Wilhelm von Zweifel un 1685 sing Frau Agnes von Schall zu Bell bejrave wooden sin.

Wie wor dat? Wahn dät der Pastur Kirsch noch 1962 an en Dörp erennere, och wann Wahn vun 1851 bes 1929 en selvständije Bürjermeisterei wor, 1835 en eijene Faar wood, 1859 en Ieserbahn bes Gießen jebaut wood un Wahn domols ne eijene Bahnhoff jekräjen hät. Un dann kom der Oot 1975 noh Kölle. Am 1. Janewar 2000 däten do 5951 Lückcher wonne. Mer kennt sich ungerenein.
En der renoveete Kirch steit wie 1963 op Chreßdaach de Hännesje-Krepp medden em Hoff vun der Burch; op enem Plaggen dohinger ka'mer de Faarkirch sinn. En der Krepp litt dat Jesukingkche op ener Windel op der steit ‚Shalom' en alle Sproche, die mer en Wahn bubbelt. Rächs un links vum Kingkche ston de Mutterjoddes un der hellije Joseph un drömeröm de janze Schwitt. Mer hät der Endruck, Hännesje un Bärbelche han he nit de Muul vörop; en Andaach ston se do un dun bedde. Besteva un Bestemo sin dohinger un loore, dat ehr Blage kein Dommheite maache. Der kleine Speimanes hät sich vörjedrängk; hoffentlich weed dat Jesukingkche nit durch dem sing feuchte Ussproch jebad. Tünnes un Schäl wesse nit, wat se sagen solle; un dat well allt jet heiße. Der Mählwurmspitter möch secher de Brütcher brenge. Der Schnäuzerkowski pass op, dat alles jerejelt afläuf. Op Drei Künnije kumme zwei vun denne Häre en koßbare Jewänder, der drette es ene ärmen Deufel, ne Obdachlose. All die dausende vun Minsche, die he jedes Johr hinkumme, han wal dat Jeföhl, se ston met en der Reih un bedden dat Jesukingkche an. Nemmt üch ens Zick un dot zweschen de Däch och ens noh Wahn fahre. Mer kann sich do richtich wohlföhle un nit nor en der Kirch.

Zündorf am un om Rhing

Pefferlecker däte Berjische Boore die Kölsche schänge, weil die keine en ehrer Nöh han wollte, dä inne en ehr Jeschäfte erenfuschen dät. Un die leefen em Meddelalder jot. Zick 1259 hatt die Stadt Kölle vum Konrad vun Hochstaden et Stapelräch jekräje. Drei Däch moot de War em Stapelhuus de kölsche Bürjere zo nem jode Pries anjebodde wäde. Dann dorf se de Rhing erop oder eraf wigger jefahre wäde.

Pfarrkirche St. Michael

Mer kann sich vörstelle, dat et fremde Kauflück jov, die dä kölsche Zoll spare wollte. Die hatten sich ne Wäch öm Köllen eröm usjeloort: De War wood domols op der Schäl Sick en Zündorf, jenau jenomme en Oberzündorf, usun en Müllem / Oplade widder op de Scheffe jelade. Dat wor der Jrund dofför, dat Zündorf e wichtich Dörp am Rhing jewooden es. Su kom et och, dat die Häre vun Zündorf met dem kölsche Ärzbischof zesammearbeiden däte. Richwin I. wor sujar met dem Reinhald vun Dassel en Italije. Och wann mer nit weiß, zick wann et der Oot Zündorf jitt, un wo singe Name herkütt, en der Jäjend müsse allt vör dem Johr 1000 Häre jewonnt han, die jet an de Föß hatte. Die han öm dis Zick en romanische Kirch jebaut, Zint Mätes. Die ka'mer hück noch bewundere. Et eeschte Mol steit jet üvver Oberzündorf en ner Orkund us dem Johr 1009. Do ka'mer lese, dat der Düxer Abtei su noh un noh die Kirch met dem Land drömeröm jeschenk wooden es.

No jov et allt domols e Stöck der Rhing eraf ne Hafe, der hück noch do es, de Groov. Do kunnt mer de War besser af- un oplade. Dat Neß drömeröm dät Niederzündorf heiße. Su kom et, dat sich die Häre met de Nüsele he faßsetzen däte. 1155 steit do allt en romanische Kirch, die hück dem hellije Mechel jeweiht es. Dat Kirchelche es vör e paar Johre renoveet woode. Et es en Praach, dat anzeloore. Un dann wood em 14. Johrhundert tirektemang an der Groov vun de Häre vun Zündorf ene Toon jebaut. Dä es 20m huh. En Zick lang däten die Jelehte meine, et wör en Stell vum Zoll jewäse. Dat stemmp wal nit. Et es ene Wehrtoon jewäse, en dem Rittere jewonnt han. Vun 1975 bes 1980 hät der Gottfried Böhm dä Toon widder fing parat jemaat. Hück es et Kölnische Stadtmuseijum dodren. Un wann mer dat Denkmol süht, dann weiß mer, he es Niederzündorf, dat domols su langksam met Oberzündorf zesammewaaßen dät.

Zick dem 16. Johrhundert hatten die Faareie vun Zint Mätes un Zint Mechel nor noch eine Pastur.

Zo denne Handelslück en Zündorf däten och Jüdde un Protestante jehöre. Öm 1700 jov et do ne evanjelischen Här met Name Bruno Martens. Wann mer hück die klein ahl Fachwerkhüser vun Zündorf süht, ka'mer sich janit vörstelle, dat dodren janz ärm Söck jewonnt han. Die mooten die Säck met der War vun de Scheffe schleppe un krächten doför ne Luhn, der wor ze vill zom Sterve un ze winnich zom Levve. Öm der Wehrtoon eröm jov et vill Nut un Älend. Dat Maggele wor 1831 am Engk. Kölle hatt kei Räch mih, de War ze stapele. Zündorf wood ne kleine Oot, dä noh Pooz jehören dät.

Och om Rhing woren die Zündorfer ze finge. Allt em 14. Johrhundert soll et Bötcher jejovve han, die Lück op de andere Rhingsick transporteete. Un 1758 kom ne Scheffer met Name Johann Weber vun Honnef noh Zündorf. Dat wor der eeschte us der Famillich, die später noh Kölle trecken dät. Wä kennt se nit, de Weber-Scheffe. Dodrüvver schriev der Heinz Weber 1975, dat die Fahn vun denne Webers us Zündorf noch hück üvver der wigge Rhing flaasteren deit. Die Zündorfer woren immer fließich un alät.

Kalk, ne Oot zwesche Kapellche un Fabrike

De rächte Rhingsick, de Schäl Sick, hatt unger dem huhe Rhingwasser vill mih ze ligge, wie de kölsche Sick. Off hät dat bes an der Künningsfors jestande. Dat dat esu wor, ka'mer hück noch an Name vun de Dörper faßstelle. Merheim es dat Heim am Mar, am Wasser; Bröck es dat Dörp an der Bröck, die wor vun Merrem bes an der Mauspfad. Un sujar der Name vun nem Boorehoff, de Villa Kalka udder Calka, hät jet met Wasser ze dun. Kolk heiß em Meddelhuhdütsche Sump. Dä Hoff un och e paar andere han de Klüster vun Düx un Siegburch un dem Stef vun Zinter Vring jehoot. Wann do et eeschte Mol Lück ehr Hötte jebaut han, ka'mer nit mih faßstelle. Et muß su öm da Johr 1000 eröm jewäse sin. Op jede Fall däte Wasser un der Sump doför sorje, dat he fröher kaum Lück jewonnt han.

No jingken durch die Jäjend zwei Stroße. Die ein fingk en Düx an un leef üvver Merrem noh Jummersbach. Un an ener Eck en der Nöh vun dem Kalker Hoff jingk ene Wäch af noh dem Dörp Vings. He stund, wie dat usus wor, e Hellijehüsje. Dodren muß bal e Jnadebild vun der Mutterjoddes jestande han, dat us dem 13. Johrhundert stammp. Lückcher, die an dem Hüsje lans jejange sin, han Blome opjestallt un för dat jebett, wat inne am Hätze loch. Dodrüvver schriev allt der Benediktinerpater Rupertus Hollwegh em Johr 1715. Wie an der Peß en Kölle un och op der Schäl Sick vill Minsche storve, dät der Pastur Andreas Stcprath jelovve, an die Plaatz vun dem Hellijehüsje e Kappelche ze baue, wann die schrecklije Krankheit doch bal vörbei wör. Minsche üvver Minsche han an dem Jnadebild jebett. De Peß wor vörbei; dat Kappelche wood jebaut un wor 1667 fädich. Donoh jingken immer widder Prozessijone vun Düx, Müllem un Ensen an dat Jnadebild un han de Joddesmutter öm Hölp en der Nut anjerofe.

Kalker Maschinenbauanstalt Humboldt um 1860

Och wann an dem Kapellche unger enem Lindebaum 1675 en Dingbank hinkom, ußer e paar Höff wor do nix ze sinn. Noch 1843 däte en Kalk 96 Minsche wonne. Mih woren dat nit.
Ävver dann jingk et los: Fabrike kome noh Kalk. 1856 woren dat de Maschinenbau AG Humboldt, 1858 de Salpeter-Raffinerie von Vorster und Grüneberg un 1859 de Brauerei Sünner. En Ieserbahn moot noh Kalk. 1875 wood der Jüter- un Personebahnhoff en Kalk-Nord jebaut; 1877 fohr de eeschte Pädsbahn vun Kalk noh Kölle. De Bürjermeisterei Kalk hatt jet an de Föß. He dät sich jet.
Su wood 1881 Kalk nevve Müllem en Stadt op der rächte Rhingsick. Die moot och e Wappe han. Dodrop wore: et Kapellche un Saache,

die an de Fabrike erennere däte, e Rad un e paar Hämmer. Am 1. Aprel 1910 kom Kalk noh Kölle. Der Draum vun der Stadt wor am Engk. Ävver Kalk blev dat, wat et jewoode wor: e Veedel, en dem faß de Hälfte vun de Minsche Arbeitslück wore. Wonnunge för bessere Lück jov et nor en e paar Stroße.

Kalker Kapelle. Im Hintergrund das neue Rathaus

Dat Kapellche wor, och wann derwiel zwei katholische un ein evanjelische Kirch jebaut woode wore, dä Oot, an dem de Minsche ehr Sorje los wäde kunnte. Un die Arbeitslück hatte noh dem eeschte Weltkreech jroße Sorje. Se hatte winnich Arbeit. Un su däte 1932 am Ovend vör dem Passijonssonndach 25.000 Männer en ner Prozessijon am Jnadebild vörbeipiljere. Dat jingk Johr för Johr esu wigger. Bes de Prozessijon 1940 verbodde wood.
Em letzte Kreech blev en Kalk kaum eine Stein op dem andere. Faß alles wor kapott. No sin se widder opjebaut: et Kapellche, de Hüser un Fabrike. E neu Rothuus jitt et och. De Minsche sin wie domols fleißich un alät. Wann mer an enem Sambsdach morjens üvver de Kalker Haupstroß jeit, ka'mer sich dovun üvverzeuje.

Uustem, e neu Wäschmeddel?

Wie ich neulich enem ahle Fräuche us dem Vringsveedel sat, ich möch e Verzällche vun Uustem schrieve, meinten dat: „Uustem, kennen ich nit. Es dat e neu Wäschmeddel?“ Su sin die Kölsche: Se loore nit üvver der Rhing! ‚Uustem‘ heiß op Huhdütsch ‚Ostheim‘. Un dat es ene Vöroot op der Schäl Sick, dä op dem Wäch vum Kalker Kapellche nohm Künningsfors litt. Minge Fründ, der Becker’s Willem, hät fies en de Annale vun Uustem jewöhlt un jefunge, dat et eeschte Mol 1716 en enem Pruttekoll der Name ‚Ostem‘ steit. Dat Dörp muß ävver vill älder sin, sintemole dat Anhängsel ‚-heim‘ verröt, dat et en der Frankezick allt bestanden hät. Ävver selvsständich wor dat Neß nie. Et dät bei de Bürjermeisterei un de Faar Merrem jehöre.

St. Servatius

Su mag et och wal sin, dat der Faarhär Gottfried Krautwig us Merrem en Uustem 1707 e Kapellche baue leet, dat dem hellije Zervazies jeweiht wor. Dä es der Schotzpatrun vun de Boorschlück. Hä dät helfe jäje Müs un Ratte; hä holf, wann et vill Froß jejovven hatt; kranke Lückcher däte in anrofe, wann se schläch ze Foß wore, bei Rießmatismes un Feber. Su ene Hellije wor och nüdich, weil öm dat Dörp Uustem vill Wasser un Sump wor. Ahl Lückcher us Uustem

kenne noch der Maarberch, wo se als Pänz jot Räuber un Schanditz spille kunnte. Nohm Kreech han se do Trümmerschutt herjefahre. An die Plaatz un em Vingster Loch jov et vör su en 40, 50 Johre noch vill Möcke.
Vun dem Kapellche sin nor noch drei Stein üvverich jeblevve. Zwei dovun han, wie die historische Wöhlmuus, der Willem, jeschrevven hät, üvver Johrzehnte „vür'm Dürpel vun Pocks Jriet" jeläje. Die han se 1965 an der Sakristei vun Zint Zervas enjemort. Do stund och jet drop. Hück ka'mer dovun nor noch „ANNO – 1707" lese. Op dem drette Stein es e Wappe. Donevve steit: „Hic Deum ora et in sanctis honora", „Dun he der Herrjott anbedde un in en de Hellije ihre". Wie die Kirch un dat Wappe op dem Stein usjesinn han, dat han die Uustemer zick e paar Johre en ehrem Wappe faßjehalde. Do es en der Medde der Rhing, links sin de Krune vun de Hellije Drei Künninge un rächs dat ahle Kapellche met dem Wappe vun däm Stein.

Wie dat Kapellche jebaut wood, stund en Uustem an der Eck vun der Zehnthoff- Werntgenstroß ne Zehnthoff. Dat wor ene Boorehoff, dä en Aat Kirchestör afföhre moot. Die wor för de Kirch, de Pastürsch un de ärm Lück bestemmp. Dä Hoff es 1898 afjebrand un nit widder opjebaut woode.
Fröher han en Uustem nit vill Lück jeläv. Op einer Landkaat vun 1844 ka'mer an de 20 Hüser zälle. Dat künne Boorehöff, Stallunge un Wonnunge jewäse sin. 1885 däte en Uustem 373 Lück wonne. Su wor et och wal nüdich, dat 1906 dat ahle Kapellche afjeresse un en jrößere Kirch jebaut wood. Jetz brooten de Lückcher nit mih der wigge Wäch noh Zint Jerejon en Merrem ze laufe.
1914 kom dann de Bürjermeisterei Merrem met Uustem noh Kölle; Die Uustemer woodte Kölsche. Der Vöroot wood jrößer. 1946 woren 1629 un 1973 8985 Enwonner rejestreet. Su wor et och nüdich, 1961 en zweite Kirch ‚Zu den Heiligen Engeln, ze baue. Am 1. Janewar 2000 hät dat Statistische Amp vun Kölle en Uustem 10481 Lückcher en der Liß ston. Dä Vöroot kann sich sinn loße.

De Chresteminsche sin en Ustem och hück noch ärch aktiv. Vör e paar Jöhrcher wore noh Fronleichnam drei Bilder en der Zeidung: vun der jroße Prozessijon met dem Kadenal, der Müllemer Joddesdrach un vun der Prozessijon en Ustem. Do däten et eeschte Mol Fraulück der Himmel drage. All Lückcher wore vun ener Jlock jerofe wode, die der Michael Goss 1756 för dat ahle Kapellche jejossen hatt. Die lück hück noch vum Kirchtoon. Of all Lückcher vun Zint Zervas dat jewoß han?

Merrem muß mer jesinn han

Pfarrkirche St. Gereon

Frohnhof in Merheim

Vill Lück us dem ahle Kölle kenne vun der Schäl Sick nor Düx un Müllem. Wat dohinger litt, es för die en Jäjend, die koot för dem Ural litt. Frembcher, die et eeschte Mol noh Kölle kumme, meinen suwiesu, he jöv et nor Hüser un vill Stein. Kölsche un Frembcher möch ich rode, setzt üch ens en de Linie 1 vun der KVB un dot op Bänsberch an fahre. Ussteije mutt ehr en Merrem am Kieskauler Wäch. Op der eine Sick jeit et noh de Krankenanstalte un op der andere Sick jeit et nohm Dorf, su sagen die ahl Merremer hück noch, wann se vun der Bahn op heim anjon.

An enem schöne Nommendach schrömen ich op et Dorf an. Rächs un links ston neu Hüser. Se sin klein un ödentlich. Mer hät dat Jeföhl, he wonne Lückcher, denne et jot jeit. Op eimol fängk links ene Zung an; dohinger es e Stöck vum Kalker Kirchhoff. Rächs ka'mer die neu evangjelische Kirch sinn. Un dann op eimol süht mer, e Stöck fott, die ahl Merremer Kirch. Do well ich hin. Jenöchlich jon ich durch ene Park un kumme bal op de Ostmerheimer Stroß. Ich muß durch e heimelich Pätche, öm an de Kirch eranzekumme. Rächs friß et Heidi, e lecker Pädche, Jras vun der Weid, un links sin kleine un jroße Schöfjer de Wies am mihe. Ich ben medden om Land. Wie ich vör der Kirch ston, kütt ene älderen Här op

mich an un sät: „Ich han dat Jeföhl, ehr dot staune üvver dat, wat ehr he all sinn künnt. Wann ehr e beßje Zick hat, dun ich üch jän jet üvver uns Merrem verzälle.
Die Kirch han se öm 1820 anjefange ze baue. Et es Zint Jerejon. Vun der Kirch, die vörher he stund, weiß mer nit vill. Ävver em Liber Valoris steit, dat op der Plaatz allt 1274 en Kirch jestanden hät. Dat es wal met de ältste Kirch en der janze Jäjend. Die Flehbaach en der Nöh hät off et Land üvverschwemmp. Doher hät dat Dörp och singe Name: mar-heim. Et jov mänch sumpich Eckelche. Un em Sommer kunnt mer kaum spazeere jon. Möcke däten eine bal opfresse. Nevven dem Fronhoff, dä do drüven steit, wor noch vör su en 60 Johre ne Dümpel. De Meßjunge däten doför Schweinepölche sage, sintemole sich do de Säu em Dreck wälzen däte. Minge Fründ, dä Marxe Pitter, deit jän verzälle, dat em Winter dat Pölche zofreeren dät. Dann däten se vör der Meß dodrop de Bahn schlage. Do muß wal ens einer vun de Messekläpper durch et Ies en der Dreck jetrodde han. En der Kirch stunk et esu ärch, dat der Pastur sing Junge em Joddesdeens noh Huus jescheck hät. Un do jov et för die Blamasch jet us der Ärmekass. Der Fronhoff es, su wie hä do steit, 1785 jebaut woode un hät bal 200 Johre dem Freihär Eltz vun Rübenach jehoot.

Evangelische Petruskirche

Ävver blieve mer om Kirchhoff. He ston noch en Reih ahl Jravstein. Dä ältste es vun 1582. Do wood ne ‚Herbert van Brück' bejrave. Dobei muß ich sage, dat die Lückcher us de Dörper öm Merrem eröm fröher he en de Kirch jon moote. Dozo däte jehöre: Bröck, Dellbröck, Hollwick, Höhenberch, Uustem un Roth. Ming Jroßmutter sillich dät jän verzälle, dat se öm 1900 noch jede Sonndach vun Uustem noh Merrem en de Meß jon moot. De Frau Dr. Scholz hät faßjestallt, dat 14 Jravstein us der ahle Zick noch op dem Kirchhoff ston. Op einem steit: „1738 D 12 Ten IUNIUS IST DER

EHRSAMER HENDRICUS OPLADEN UNTER DIE MÖRDER GERATEN VND SIE SCHLUGEN IHN TODT". Un jetz muß ich inne en der Kirch noch jet zeije, do dot ehr bestemmp staune. Unger dem Toon leuch en Lamp op en besondere Stell. Do hangen an der Wand Brochstöcke vun Jravkrütze us der Frankezick. Die sin us dem 7./8. Johrhundert. Dä Dr. Sven Seiler vum Römisch-Germanische Museijum hät die Stein do jefunge, wo die ahl Kirch stund. Die Merremer künnen alsu met Räch sage: Vör 1200 Johre han he allt Minsche jeläv un sin an der Plaatz bejrave woode."

Ich ben ihrlich: do ka'mer verhaftich nor staune. Op dem koote Wäch noh der Weetschaff ,Em ahle Kohberch' ha'mer nit vill jesproche. Ävver bei nem leckere Kölsch hät mer minge Fründ noch vill üvver sing Merrem verzallt.

Bröck, e Dörp am Sump

Brück. Olpener Straße / Ecke Mauspfad

Vun der Schäl Sick han ich zwei ahl Landkaate: die ein es vun 1784. Dodrop ka'mer sinn, wo en däm Johr dat Huhwasser üvverall jestanden hät. Dat leef bes an der Künningsfors. Die zweite Kaat es vun 1844. Dodrop sin zwei Haupstroße. Dat es vun Müllem die Stroß noh Frankfurt; un dat es en Stroß vun Düx üvver Bröck bes noh Bänsberch.

En Jedanke ben ich ens der ahle Wäch vun Düx bes noh Bröck jejange. Do jingk mer en der Haupsaach nor durch Feld. Op der linke Sick loch, e Stöck fott, Kalk. Dann stund an der Eck, wo et noh Vings jingk, et Kalker Kapellche. E Stöck wigger heiß et dann an ener Eck, wo noch ene Wäch nohm ‚Dorf Vings' jingk, ‚Der Höhenberch'. An der Stell Olpener- / Burchstroß es och hück noch ne Hubbel.
Merrem kunnt mer e Stöck vun der Stroß af links sinn. Un dann jingk et bes noh Bröck op enem Damm met Knöppele, sintemole et do ärch sumpich wood. Dat wor quasi en janz lange Bröck. Dovun soll dä Oot singe Name han: Langenbröck udder Bröck. Der Knöppelchesdamm hät eesch der Napoleon afjeresse un en richtije, faßte Stroß anjelaat. An der Stroß en dem Dörp stundte en Reih Hüser un op der rächte Sick wor ne Paachhoff, der Gräfenhoff. Am Engk vun Bröck jingk et e beßje der Birch erop. Un do leef quer en breide Stroß, der Mauspfad. Do hinger fingk jenau su wie hück der Künningsfors an. Dodren han Wessenschaffler Hüvveljräver jefunge. Et solle an de 1200 Stöck jewäse sin, de eeschte stammen us dem Johr 1000, eh dat der Här Chrestus jebore wood. Vör 3000 Johre han he verhaftich Minsche jewonnt. Et kann wal müjjelich sin, dat üvver der Mauspfad allt de Jermane met ehre Wage jetrocke sin. En der Jäjend sollen se ‚Volksburgen' anjelaat han.

Brück. Olpener Straße / Ecke Mauspfad, Aufnahme aus den 50er Jahren

Rächs un links vun dem Knöppelchesdamm wor et ärch sumpich. Op der ein Sick wor dat fies vun wäjen der Möcke; op der anderen Sick kunnten de Lückcher sich do versteche, wann en Häd vun Krade üvver se herfeele. Noch hück süht mer op der Sick noh Merrem zwei lange Hubbele em Sump, op die ka'mer nor an ener schmale Sick jon. Do kunnt mer sich verhaftich jot versteche. Hück

sät mer dozo ‚Fliehburgen'. Et heiß, dat de Minsche do erenjeflüch sin, wie der Attila, och Etzel jenannt, op der rächte Rhingsick vör Kölle jestanden hät.
Op der anderen Sick vun der Stroß loch der Gräfenhoff. Öm dä eröm woren domols naße Wiese un vill weld Strücher. Dat kom doher, sintemole do die Flehbaach es. Noch 1961 wor en der Jäjend en jroße Üvverschwemmung. Eesch donoh han se die Baach rejuleet, wie mer hück sät.

En ener Orkund vun 1166 steit et eeschte Mol jet üvver ene Hoff en Bröck. Un su noh un noh woodten do drömeröm en Reih Hüser jebaut. Die Stroß vun Düx üvver Bröck, Bänsberch jingk wigger bes noh Olpe. Dat wor em Meddelalder en wichtije Handelsstroß. Et weed verzallt, dat öm dis Zick üvver der Mauspfad War transporteet wood. Un dat kom esu: Em Stapelhuus en Kölle mooten die Kauflück för drei Däch alles, wat se der Rhing erop- udder eraftransporteere wollte, dä Kölsche zo enem jode Pries anbeede. Kauflück, die dat nit wollte, däten ehr War en Pooz vum Scheff aflade, troken üvver der Mauspfad noh Opladen (dat kütt vun ‚oplade') un däten do ehr War widder op de Scheffe.
Och wann Bröck an zwei Handelsstroße, der Olpener Stroß un dem Mauspfad, jeläjen hät, et blev e Dörp, dat nit selvsständich jewooden es. De zoständije Faarkirch wor en Merrem. Eesch em Johr 1889 wood dat Rektorat Bröck en eijene Faar. Der zoständije Bürjermeister wor och en Merrem zehuus. Dat dät esu blieve, bes de Bürjermeisterei Merrem met Bröck am 1. Aprel 1914 noh Kölle kom.

Us dem Dörp Bröck es hück ene staatse Vöroot jewoode. Am 1. Janewar 2000 däten do 9785 Lückcher wonne, Kölsche un Frembcher. Die han all Zorte vun Berofe un levve nit mih wie die ahl Bröcker vun der Arbeit op dem Feld, vum Maggele met Schänzjer, Blootejele un Froschschenkele, vum Fesche, vum Torfsteche un Pilze, die se jesook hatte. Dat ka'mer nor noch en schlau Böcher nohlese. Ävver die Lückcher vun hück sin jenau wie die ahle stolz op ehr Bröck, en dem de freiwillije Feuerwehr allt mih wie 90 Johr om Puckel hät. Die stammp verhaftich noch us dem ahle Bröck.

Deutschordenswohnstift Konrad Adenauer

Neubröck, e Dörp us Betong ävver met Hätz

Vör 70 Jöhrcher däten do, wo hück Neubröck es, de Boore vun Uustem, Roth, Heumar, Merrem un Bröck ehr Felder bearbeide. Livverlingcher trällerten ehr Leeder bovven huh en der Looch. Ävver 1936 wor et met der Jenöchde, die mer do su lang jeneeße kunnt, am Engk. Maschine däten de Feldere planeere, en Rollbahn för Flochzeuje wood betoneet, un am Rand vun dem Flochplatz woodte Kasäne för Zaldate jebaut. Allt 1937 jingken de eeschte Flochmaschine en de Luff. Dä ‚Fliegerhorst Ostheim' wor fädich.

Em Kreech wor do vill Bedrev met Jäjer, Stukas un andere Maschine. Dat jingk su wigger bes de Amis am 13. Aprel 1945 dä Flochplatz ennemmen däte. He sollte kein Flochmaschine mih en de Luff jon. Su wollten die et han. De Stadt Kölle kräch dat janze Jelände. En de mehschte Kasäne kom e Krankenhuus un dat Rollfeld wood ömjekrempelt. Nor e schmal Pätche blev zweschen de Trümmere vun dem Rollfeld, ne Wäch vun Bröck noh Uustem. Destele, Queke, weld Ruse, Flette, Koon, Klatschruse, Koonblome un ich weiß nit, wie mer noch för dat ‚Unkruck' sät, däte waaße. Dozwesche wore Müsjer am Nohlaufe spille. Un bovve trällerte et Livverlingche sing Leed. De Nator hatt wie fröher widder et Rejalt üvvernomme.

Su blev dat vill Johre. Wat sollt mer och met dem Feld anfange, wo decke, jebaschte, ärch jroße Betongplaate loge? Ävver Pulitiker hatten am Anfangk vun 1960 en jode Idee. Op dem ahle Rollfeld sollt en Siddelung jebaut wäde. Ävver dat wor nit einfach. Zoeesch moote Jranate un Blindjängere vun Bombe fottjerümp wäde. Donoh kunnt mer anfange. Am 26. Aujus wood dä Jrundstein för dat Dörp jelat. Un am 1. Mäz 1966 däten de eeschte Lückcher entrecke. ‚Konrad Adenauer Siedlung' sollt dat neue Neß för der Anfangk heiße.
Su drüch, wie mer dat lese kann, wor he dat Levve verhaftich nit. En der Zick dät et vill räne. Schlamöres jov et mih wie jenoch. Die Lückcher vun der eeschte Stund verzälle jän, se wöre nit us de Jummistiffele erusjekumme. Ävver die han domols de Maue huhjekrempelt un ehr Zehuus Stöckche vör Stöckche opjebaut. Die Bauerei jingk esu flöck, mer hätt meine künne, die Heinzelmänncher wöre noch ens opjestande. Zoeesch woren et Ein- un Zweifamilijehüser, ävver späder komen och Sozijalwonnunge dozo. Dann jitt et do en evanjelische Trinitatiskirch, de katholische Kirch ‚Zint Adeleid', fünf Verwahrschulle, drei Schulle för die klein Pänz un zwei Hüser, wo ahl Lückcher dren wonne künne. Dat eine dovun es et hühkste Huus en Neubröck dat ‚Deutschordens-Wohnstift Konrad Adenauer'. Dodren sin hück 350 Lückcher. Wann vun denne einer 100 Jöhrcher un noch älder weed, dann deit uns Bürjermeistersch, Frau Renate Canisius, hätzlich jrateleere. Die hät et nit wick; se wonnt tirektemang de Eck eröm.

Engks 1997 däte en dem Neß 9160 Lück wonne. Neubröck wor e richtich selvsständich Veedel jewoode met allem Dröm an Dran. Dozo jehöt och en eijene Hymne: Neubröck - Dorf us Beton vum Florian Schilling. Die Dame un Häre vum Rot kunnte nit mih andersch, Neubröck wood der 85. Stadtteil vun Kölle. Do hät secher och en Roll jespillt, dat et bei dem Neßhökche internazijonal zojeit. Meddelpunkt es der ‚Straßburger Platz'; dodran vörbei läuf der ‚Europa Ring'. Rächs un links dovun erennere Stroßename an Deechter un Pulitiker us Europa. Dä neue Vöroot zeich, dat mer wigger loore kann, wie op de andere Rhingsick su bes nohm kölsche Dom. Internazijonal sin die Lückcher, die he wonne, ävver et sin kaum Minsche us dem ahle Kölle. Dat ka'mer verston. Wä trick och allt vun Kölle op de Schäl Sick, su koot vör der Ural? Die winnije, die he wonne, schwenke die kölsche Fahn. Dozo jehöt et Paula

Hiertz, e Mädche us der Faar Zint Pitter. Dat wöhlt för Kölle. Neubröcker Pänz brengk sei zick üvver 20 Johre uns Muttersproch em Kölsch-Thiater bei. Un an ehrem Huusjivvel hängk der Kallendresser Nummer zwei, der an Fierdäch vun Lampe hell anjestrohlt weed. Zweschendurch düngk dä de Jeranije am Jivvel, domet se flöcker waaße.
En Neubröck hät sich e bungk Völkche jefunge. Dat hält zesamme, un die künne nit nor Fastelovend feere. Se treffen sich och jedes Johr op der Adelheidiade. Dat es e Feß em Veedel; su däten die ahl Kölsche sage. Och wann dat Dörp us Beton es: Die Neubröcker sin met Räch stolz op ehr Veedel.

Die Mühlheimer Brücke um 1930

Müllem, stolz un opräch

Et eeschte Mol ka'mer jet üvver Müllem en ener Orkund am Engk vum 11. Johrhundert lese. Dodren steit, dat dat Kluster vun Zint Pantaljun en ‚mulenheym' Land hät. Do han alsu Lück jewonnt, die en Müll hatte. Mer weiß ävver nit, of die vum Wasser oder vum Wind anjedrevve wood. Op ener Zeichnung vun 1588 sin en Windmüll un Mülle em Rhing ze sinn. Villeich wor dat och öm dat Johr 1000 allt esu. Dat Dörp, dat denne ‚vun Berg' jehören dät, muß op jede Fall ärch staats jewäse sin. Am Engk vum 14. Jh. heiß et, dat et zick Minschejedenke nit esu en schön Dörp jejovven hät.

Do ka'mer verston, dat der Jraf Adolf VI. vun Berg 1322 us dem Neß en Stadt maachen dät. Jetz hatt Müllem en eije Jereech un dorf selvs Jeld maache. Ävver vill wichtijer wor, he kunnten die Häre vun Berg maggele, wo dic Kölsche kein Nas dran krächte. Dat wor dä Pefferlecker, su däten de Müllemer för de Kölsche sage, janit noh der Mötz. Die wollte kein Kunkerente op der Schäl Sick han. Alsu wood Müllem en der eeschten Hälfte vum 15. Johrhundert kapott jemaat. Ävver su flöck woren die Müllemer nit klein ze krijje. Se däten die Evanjelische opnemme, die die Kölsche erusschmießen

St. Klemens, historische Aufnahme

däte. Dat woren jot Kauflück. 1575 dät Willem der IV. vun Berg dat Neß widder zo ener Stadt maache. Müllem wor öm dis Zick, wat et Land anjingk, jrößer wie Kölle. He jingken de Jeschäfte ärch jot. Su kom Müllem bal widder zo jet. Ävver och dismol verstundten et die Kölsche su ze takteere, dat ehre Kunkerent op der andre Rhingsick em Johr 1614 kapott jemaat wood. Noh dem Schlaach kom Müllem nit widder richtich zo Blot, zomol der 30-jöhrije Kreech op der rächte Rhingsick ärch schlemm wor.

Zo der Zick moote Müllemer, die katholisch wore, noh Zint Marezijes en Bochem en de Kirch jon. En Müllem stund nor e Kapellche, dat dem hellije Klemens jeweiht wor. Die Klemens-

Kirch vun hück es öm 1700 jebaut woode. Vun do us trok domols op Fronleichnam die jroße Joddesdraach us. Et Allerhellichste wood op e Scheff jebraat. Dat fohr der Rhing erop un eraf bes an die Stadtjrenz vun Müllem. Scheffe un Bötcher flankeeten dat Scheff, un die Müllemer Schötze däten dem Här ze Ihre Salut scheeße. Jroß un Klein wor dann op de Bein. Jenau esu es et och hück noch.

Mühlheimer Gottestracht

Och wann et Müllem em 18. Jh. widder e beßje besser jingk, dä schlemme Iesjangk vun 1784 hät de mihtste Hüser kapott jemaat. Noh der Franzusezick bekrabbelten sich die Müllemer widder. Handwerks- un Kauflück wore fließich. Do jov et Wevvereie, Jervereie un Lückcher, die Tuback un Seif maachen däte. Et wood met

Wing, Jemös, Holz un Ieser jemaggelt. Späder woodten die jroße Fabrike jebaut. Die Müllemer woren stolz op ehr Stadt. Dat han se de Kölsche jezeich, wie se am 1. April 1914 noh Kölle kome. Denne han se mänch Zojeständnis afjeluchs, die andere Öder, die och noh Kölle kome, nit jekräje han. Ävver för Müllem sollt et noch ens ärch schlemm wäde. Am ‚Schwatze Sambsdach', am 28. Oktober 1944, wor der schwerste Bombenanjreff, dä Müllem jetroffen hät. 543 Lückcher sin dut jeblevve un 2239 Hüser loche am Boddem. Vum ahle Müllem wor nit mih vill üvverich jeblevve.

Dampfbetriebener Verladekran an der Mühlheimer Werft

Ävver Müllem wood widder opjebaut. Et kome noch vill Wonnunge dozo, die et fröher nit jov, su en der Berliner Stroß, der Keupstroß un em fröhere Böcking-Jelände. En Müllem wonne mehschtendeils Arbeitslück, die noch jenau esu fließich sin wie fröher. Och wann die Müllemer noch jän unger sich sin, jetz wo die U-Bahn fädich es, jöcken die och ens janz flöck op de andre Rhingsick noh Kölle. Solle mer wette?

Kölsche Kopp för Kopp

Wie vill Kölsche am 1. Janewar 2000 en denne Dörper jewonnt han, steit op der Sick.

	Mädcher un Fraulück	Junge un Mannslück	Zesamme
Linke Rhingsick			
Marieburch	2963	2762	5725
Zollstock	10707	9442	20149
Rondorf	4816	4643	9459
Rudekirche	8865	7374	16239
Immendorf	1042	1039	2081
Sölz	19468	17256	36724
Ling	16819	13611	30430
Müngersdorf	4379	3979	8358
Junkersdorf	5691	5256	10947
Ihrefeld	16544	16978	33522
Bocklemünd /. Mengenich	5878	5271	11149
Neppes	16488	15150	31638
Riehl	6466	5344	11810
Nehl	9223	8810	18033
Worringe	4782	4640	9422
Schäl Sick			
Düx	8646	8207	16853
Pooz	10597	9664	20261
Wahn	3106	2845	5951
Zündorf	6255	5955	12210
Kalk	9879	10382	20261
Uustem	5377	5104	10481
Merrem	3798	3526	7324
Bröck	5197	4588	9785
Neubröck	4795	4285	9080
Müllem	20074	20135	40209
Kölsche			
all zesamme	521334	493503	1014837

He ka'mer jet üvver Kölsche un andere Minsche nohlese

Adenauer, Dr. Konrad: (5.1.1876 - 19.4. 1967) Bundeskanzler, Oberbürgermeister von Köln von 1917 - 1933 und 1945
Böhle, Lis: (31.7.1901 in Köln-Nippes - 29.10.1990) Mundartdichterin
Böhm, Dominikus: (23.10.1880 in Jettingen / Schwaben - 6.8.1955 Köln) Architekt, baute u.a. St. Engelbert in Köln-Riehl 1930/32 und St. Maria Königin in Köln-Marienburg 1953/54
Böhm, Gottfried: (23.1.1920 in Offenbach) Sohn von Dominikus Böhm, Architekt
Böll, Heinrich: (21.12.1917 in Köln - 16.7.1985 in Kreuzau / Düren) Schriftsteller, 1972 Nobelpreisträger für Literatur
Bruno II. von Berg: (um 1100 - 1137 vor Bari) Erzbischof von Köln seit 1131
Ditges, Leo: (26.2.1878 - 23.11.1955) Erzbischöflicher Rat, Pfarrer in Müngersdorf von 1928 - 1955
Engelbert II. von Falkenburg: (um 1228 - 1274 Bonn) Erzbischof von Köln seit 1261 beigesetzt im Bonner Münster
Fleutenarnöldche - Arnold Wenger: (1836 - 1902) Kölner Original und Straßenmusikant
Fressklötsch - Johann Arnold Klütsch: (1778 oder 1775 - 1845) Kölner Original, Althändler und Taxator der Stadt Köln
Frings, Josef Kardinal: (6.2.1887 in Neuß - 17.12.1978 in Köln) Erzbischof von Köln, gilt als ‚Volksbischof'
Gunthar: (gest. 871) Erzbischof von Köln seit 850
Hildebold (Hiltibald): (gest. 3.9.818) seit 782 Bischof von Köln, später Erzbischof, einflußreicher, vertrauter Ratgeber Karls d. Gr.
Hönig, Fritz: (23.9.1833 in Köln - 3.11.1903 in Köln) von ihm ist das ‚Wörterbuch der Kölner Mundart' - Erstauflage 1877
Hoster, Heinrich Maria - alias Antun Meis: (9.5.1835 in Köln - 20.2.1890 in Straßburg) schrieb „Hochdeutsch mit Knubbelen"
Johannes XXII.: (1244 in Cahors - 4.12.1334 in Avignon) seit 7.8.1316 Papst, vorher Jacques Duèze
Koch, Wilhelm: (30.7.1845 in Köln - 10.12.1891 in Köln) Mundartdichter
Konrad I. von Hochstaden: (um 1205 - 28.9.1261 in Köln)

Erzbischof von Köln seit 1238, legte 1248 Grundstein zum gotischen Dom

Läsche Nas - Andreas Leonhard Lersch: (1840 - 1887) Kölner Original - Metzger, Schauspieler, Geheimer, Bezirksabdecker, städtischer Hundefänger und Scharfrichter

Liessem, Thomas: (9.9.1900 in Köln - 20.9.1973) Kaufmann, u. a. Präsident des Festkomitees Kölner Karneval

Otto, Nikolaus: (14.6.1832 in Holzhausen a. d. Haide - 26.1.1891 in Köln) Ingenieur, entwickelte mit E. Langen eine Gasverbrennungskraftmaschine, den nach ihm benannten Ottomotor

Reinald von Dassel: (um 1120 - 14.8.1167 vor Rom) Erzbischof von Köln seit 1159, brachte am 23.7.1164 die Gebeine der Heiligen Drei Könige nach Köln

Ryle, Gerhard von: erster Dombaumeister des gotischen Domes, Grundsteinlegung 1248

Schneider, Willy: (5.9.1905 in Köln - 12.1.1989) Sänger (Baß-Bariton)

Schneider-Clauss, Prof. Dr. Wilhelm: (29.1.1862 in Köln - 7.11.1949 in Junkersdorf) Mundartdichter

Siegfried von Westerburg: (gest. 7.4.1297 in Bonn) Erzbischof von Köln seit 1275, Gegner der Stadt Köln in der Schlacht bei Worringen (5.6.1288)

St. Anno II.: (um 1010 - 4.12.1075 in Siegburg) Erzbischof von Köln seit 1056, Gründer der Klöster St. Georg und St. Maria ad gradus

St. Bruno I.: (925 - 965 in Reims) Erzbischof von Köln seit 953, bestattet in Köln, St. Pantaleon

St. Engelbert I.: (um 1185 - 1225 bei Gevelsberg) Erzbischof von Köln seit 1216

St. Eucharius: (lebte im 3. Jh.) soll Schüler des Apostels Petrus gewesen sein, erster Bischof von Trier

St. Gereon: nach einer Legende Offizier der Thebäischen Legion, hat mit Gefährten bei Köln den Tod erlitten (St. Mechtern = ad sanctos martyres)

St. Heribert: (um 970 in Worms – 16.3.1021) seit 999 Erzbischof von Köln, Gründer der Abtei Deutz, dort bestattet

St. Marezies - Mauritius: Märtyrer der Thebäischen Legion (gest. 280/300)

St. Maternus: erster bekannter Bischof von Köln im 4. Jh., soll Schüler des Apostels Petrus gewesen sein

St. Severin: Bischof von Köln um 400, sicher bezeugter Bischof in der Römerzeit
Stern, Robert: (1885 in Köln - gest. in New York) Sohn eines Malermeisters, neben Georg Falck der bedeutendste Kölner Architekt jüdischen Glaubens in der ersten Jahrhunderthälfte, um 1936/37 Emigration nach London, später nach New York, u. a. Planer der Synagoge in Ehrenfeld
St. Valerius: zweiter Bischof von Trier, soll Schüler des Apostels Petrus und Gefährte des hl. Maternus gewesen sein
Wichfried: (gest. am 9.7.953) Erzbischof von Köln seit 924, weihte 948 dem Erzbischof Severin zu Ehren im Severinskloster eine Kapelle.
Wrede, Prof. Dr. Adam: (12.4.1875 in Düsseldorf - 21.12.1960 in Köln) - von ihm ist das Wörterbuch ‚Neuer Kölnischer Sprachschatz'

Wöder, die mer villeich nit kennt

A la Bonör!	alle Achtung
afmurkse	elendiglich umbringen
alät	lustig, flink, behende
allt	schon
anplaaz	an Stelle
apaat	apart
Ärmekass	Schläge bekommen
Bedrev	Betrieb
Bei	Biene
berappe	bezahlen
biestich	häßlich, gemein
Bleifedderhubbelbank	Schreibtisch
Böösch, Bööschte	Bürste(n)
Bösch	Wald, Busch
bovven	oben
Bräues	Brauhaus, Brauerei
Bröck	Brück
Brongks	Bronze

Destel	Diestel
Döppe	Topf
dütsch	deutsch
Düx	Deutz
entrecke	einziehen
Faar, Faarei	Pfarrei
Feber	Fieber
Fetz	Schlingel
Fiddelbohr	Drillbohrer
fies	ekelhaft, sehr
flaastere	flattern
flächte	flechten
Flett	Nelke
flöck	schnell, behende
Foderkaat	Speisekarte
fott	fort, weg
Fott	Gesäß, Hintere
fottjerümp	weggeräumt
Frembche	Fremder
Freßklötsch	Joh. Arnold Klütsch, Kölner Original
Häd	Herde, große Menge, Anzahl, viele
hatt	hart, hatte
heesch, heiße	hieß, heißen
Heez	Hirsch
hemet	hiermit
Hubbel	Hügel
hückzedachs	heutzutage
Hüvvel	Hügel, Kuppe
Ieser	Eisen
Ihr	Ehre
Jade, Jädens	Garten, Gärten
Jarv	Garbe
Jäsch	Gerste
jau	gewitzt
jebasch	geborsten
jefläch	geflochten
Jenöchde	Behaglichkeit
jenöchlich	zufrieden

Jirejun, Jerejon	Gereon
jöcke	schnell fahren, laufen
Joddesdraach	Prozession
Jödel	Gürtel
Jrönjödel	Grüngürtel
Juschjöckstroß (scherzh.)	belebte Straße
Kammißkopp	Soldat
Kappes	Weißkohl
Karree	Viereck
klabastere	mühsam gehen
Klatschrus	Feldmohn
Klock	Glocke
Klör	Farbe
Kluster	Kloster
Knee	Knie
Knöppel	dicker Stock
Koon	Korn
Koonblom	Kornblume
kratze	kratzen, eilen, laufen
Krätzje	lustiges Lied
krieche	weinen
Kurasch	Unternehmungsgeist, Mut
lans	entlang
Leim	Lehm
Lichnam	Leichnam
Ling	Lindenthal
Lingeboor	Bauer, der mit Pferden Schiffe den Rhein hochzog
Livverlingche	Lerche
Looch	Luft
luustere	lauschen
luuter	lauter, immer
maggele	tauschen, handeln
Malote	Melaten (Friedhof)
mäncheiner	mancheiner
Maschmingestrohß	Maximinenstraße
Matän	Maternus
Mäte, Mätes	Martin
Mau	Ärmel
Merrem	Merheim

Messekläpper	Meßdiener
Metz, Metzer	Messer
Mielewieser	Meilenstein
Mölm	Mulm, Schlamm
Müllem	Mülheim
Müsje	Mäuschen
Nehl	Niehl
Neppes	Nippes
Neß	Nest, Dorf
Nöttelefönes	verdrießlicher Nörgler
Nüsele	Geld
Nüß	Neuß
Ooche, Öcher	Aachen, Aachener
Ofer	Ufer
ömesöns	umsonst
ömkrempele	anders einrichten
Ooster	Auster
Oot, Öder	Ort, Orte
openeuts	von neuem
oprüsele	aufrütteln
Orkund	Urkunde
Pantaljun	Pantaleon
Panz, Pänz	Kind, Kinder
parat	bereit, zurecht
piel opräch	steil nach oben
Piel, Piele	Pfeil
pielop	steil nach oben
Ploch, Plöch	Pflug
Pol, Pöl	Pfahl
Pooz	Pforte; Porz
Pott, Pött	Topf, Töpfe
Prezijose	Schmuck
Puckel	Buckel, Höcker, Rücken
Queke	Quecken
Quetsch	Ziehharmonika
raderdoll	total verrückt
Räsoneeres	Nörgler, Tadler
räuhich	ruhig
Rehl	Riehl
Rejalt	Herrschaft, Oberhand

Rih, Rihche	Reh, Rehchen
Roches	Wut
Rudekirche	Rodenkirchen
Rus	Rose
ruusche	rauschen
Schabau	Kornbranntwein
Schavu	Wirsing
Schirvel	Scherbe
Schlamöres	Schlamm, Morast
schlih	stumpf, herb
Schluffekinema (scherzhaft)	Fernseher
schnäuve	ausspionieren, schnüffeln
schröme	eilen
Schudder	Schauder
Schürreskar	Schubkarre
Schwitt	Menge, Schar, Anhang
Siddelung	Siedlung
sillich	gesegnet, seelig
sintemole	weil
Söck, ärm	bedauernswerte Menschen
Sock, Söck	Socke
Sölz	Sülz
spack	eng, wenig
staats	schön, prächtig
Stav	Stab
Stef	Stift
Stil, Still	Stiel, Stiele
Stump	Stumpf
Sül	Säule
Sump	Sumpf
Terräng	Grundstück
tirektemang	sofort
Toon	Turm
trecke	ziehen, gehen
udder	oder
Ülepooz	Ulrepforte
Urjel	Orgel
Uustem	Ostheim
üvverich	übrig
Üvverläch	Überlegung

Veedel	Stadtviertel
Verwahrschull	Kindergarten
Wackermann	Wackerstein
wal	wohl, gern, gewiß
wevve	weben
wick un brick	weit und breit
Wießhuus	Weißhaus
Wigge	Weiden
winnich	wenig
Wöhlmüs (scherzhaft)	Archäologen
Wooch	Waage
Zaldate	Soldaten
Zint Jan	St. Johann
Zint Marezijes	St. Mauritius
Zint Mechtere	St. Mechtern
Zint Ooschel	St. Ursula
Zint Pantaljun	St. Pantaleon
Zint Zervas, Zervazies	St. Servatius
zint	sankt
Zizilje	St. Cäcilien
zopaß	gelegen
Zung	Zunge, Zaun

Wo mer sich schlau maache kann

Wann mer süht, wat ich wal jelese, un wo ich jekläut han, dann künnt et einem bei dem Bärm duselich em Kopp wäde. Ich well domet nit zeije, wie fließich ich wor. Ich stelle nor faß, dat ich vill ze winnich üvver de Dörper öm Köllen eröm jeschrevve han. Dat, wat sich en üvver zwei dausend Johre jedon hät, ka'mer nit op ein udder zwei Sigge zesammedrage. Do han ich mer jedaach, dat der ein of andere, dä dat lesen deit, villeich Amelung hät, jet mih eruszekrijje, wie et ens wor, en der Stroß, wo hä wonnt. Wann dat esu es, dann kann ich nor der Rot jevve: Doot üch bedeene. He es die schlau Liß.

100 Jahre Pfarrkirche St. Aegidius - Ein kleiner geistlicher Führer.

Köln-Wahn 1993

125 Jahre Pfarrgemeinde St. Joseph in Köln Ehrenfeld - Festschrift der Pfarrgemeinde St Joseph. Köln 1994

150 Jahre katholische Kirchengemeinde St. Aegidius, Wahn. Köln-Wahn 1985

Adenauer, Konrad / Gröbe, Volker: Lindenthal - die Entwicklung eines Kölner Vororts. 2. Aufl., Köln: Bachem 1988

Aders, Gebhard:Das Wappen der ehemaligen Stadt Kalk, in: Rechtsrheinisches Köln, Bd. 11, Köln 1985

Zwischen Rhein und Wahner Heide - Geschichte eines Stadtbezirkes, in: Das Porz Buch, Köln: Schwochert & Dank, 1990

Die Aufklärung des Kirchendiebstahls von 1784 zu Niederzündorf - Ein Strafprozeß vor dem Deutzer Schöffengericht, in: Rechtsrheinisches Köln, Bd. 5, Köln 1979

Der Fliegerhorst Köln-Ostheim, in: Rechtsrheinisches Köln, Bd. 8, Köln 1982

Apicius, Marcus Gavius: Das Kochbuch der Römer. 5. Auflage, Zürich und München: Artemis Verlag 1978

Bakdach, Jalal: Die bandkeramische Siedlung von Köln-Mengenich. Schriftenreihe der Archäologischen Gesellschaft Köln Nr. 20. Sonderdruck aus Bonner Jahrbücher 184, 1984

Becker, Hans-Michel: Äbte, Kies und Duffesbach - Zur Geschichte der Kölner Vororte Sülz und Klettenberg. 3. Aufl., Köln: Bachem 1989

Becker, Heribert: Erich Philipp Ploennies: TOPOGRAPHIA DUCATUS MONTANI / MONTIUM - Das rechtsrheinische Köln zu Beginn des 18. Jahrhunderts, in: Rechtsrheinisches Köln, Bd. 5, Köln 1979

Becker, Wilhelm: Die frühere Merheimer Pfarrkirche und ihre Renovierung im Jahre 1783, in: Rechtsrheinisches Köln, Bd. 3, Köln 1977

Becker, Wilhelm: Die frühere Servatius-Kapelle in Ostheim, in: Rechtsrheinisches Köln, Bd. 11, Köln 1985

Becker, Wilhelm: Zur Geschichte des Zehnthofes zu Ostheim, in: Rechtsrheinisches Köln, Bd. 11, Köln 1985

Becker, Wilhelm: Geschichtliche Mitteilungen über die Pfarrei St. Gereon in Merheim, in: Rechtsrheinisches Köln, Bd. 15, Köln 1989

Becker Wilhelm: Die Familie Hermanns und ihre Grabplatte in der alten Niederzündorfer Kirche, in: Rechtsrheinisches Köln, Bd. 16, Köln 1990

Becker, Wilhelm: Die frühere Kapelle St. Aegidius und die Vikarie zu Wahn, in: Rechtsrheinisches Köln, Bd. 11, Köln 1985

Beines, Johannes Ralf: St. Engelbert in Riehl, in: Nippes gestern und heute, Köln 1983

Bendel, Johann: Die Stadt Mülheim am Rhein: Geschichte und Beschreibung, Sagen und Erzählungen. Köln-Mülheim 1913, Faksimiledruck Köln 1972

Bendel, Johann: Heimatbuch des Landkreises Mülheim am Rhein: Geschichte und Beschreibung; Sagen und Erzählungen. 5. Aufl., Faksimiledruck der 2. und 3. Aufl. Köln-Mülheim 1925, Köln: Scriba-Verlag 1981

Bendel, Johann: Die Gottestracht zu Mülheim am Rhein. Mülheim am Rhein 1914. Selbstverlag des Verfassers. Faksimiledruck. Köln: Scriba-Verlag 1972

Berres, Georg, K.: Kappes - Schienen - Hosenträger: Wirtschaft und Industrialisierung von Nippes, in: Nippes gestern und heute, Köln 1983

Binding, Günther: St. Stephan in Lindenthal, in: Führer zu vor- und frühgeschichtlichen Denkmälern, Bd. 39, Köln III, Mainz 1980

Böll, Heinrich: Heinrich Böll und Köln. Hrsg. von Viktor Böll, Köln: Kiepenheuer & Witsch, 1994

Buchwald, Ursula: Die Reform der Verwaltung im Raume Porz 1806-1813, in: Rechtsrheinisches Köln, Bd. 2, Köln 1976

Christ, Robert / Dollhoff, Josef: Niehl - vom Fischerdorf zum Kölner Industrie-Vorort. 1. Aufl., Köln: Bachem, 1989

Clemens, Hans: Junkersdorf im Strom der Jahrhunderte, in: 1000 Jahre Junkersdorf - Festwoche vom 29. Sept. bis 7. Okt. 1962

COLONIA ROMANICA – Jahrbuch des Fördervereins Romanische Kirchen Köln e.V., Köln: Greven, 1986ff

Dechau, Wilfried: missing link, Kirch-Wohn-Turm-Büro, Köln-Rondorf (Link), in: db - Fachzeitschrift für Architekten und Bauingenieure, Dezember 1992

Deeters, Joachim: Pläne und Ansichten zum Ausbau Mülheims in den Jahren 1588 bis 1615, in: Rechtsrheinisches Köln, Bd. 19, Köln 1993

Dietmar, Carl / Jung, Werner: Kleine illustrierte Geschichte der Stadt Köln. Köln: Bachem, 1996

Dietmar, Carl: Die Chronik Kölns. Dortmund 1991

Döbler, Hannsferdinand: Die Germanen - Legende und Wirklichkeit von A – Z. Bertelsmann GmbH 1975

Eckert, Willehad Paul: Köln - Stadt am Rhein zwischen Tradition und Fortschritt. 4. Aufl., Köln: DuMont 1979

Eckert, Willehad Paul: Kölner Stadtführer: Wege zur Kunst, Kultur und Geschichte. Köln: Wienand 1990

Elten van, Josef / Witton, Rochus: 100 Jahre Pfarrgemeinde St. Nikolaus Köln-Sülz - 1892-1992. Köln 1992

Först, Walter: In Köln 1918-1936 - Kleine Stadtgeschichte im 20. Jahrhundert. Düsseldorf: Droste 1982

Frings, Josef: Für die Menschheit bestellt. Erinnerungen des Alterzbischofs von Köln. 1. Aufl., Köln: Bachem 1973

Frohn, Robert / Güttsches, Arnold: Ausgewählte Quellen zur Kölner Stadtgeschichte, Hefte 1 – 6. Köln: Bachem 1958 - 1961

Fuchs, Hans: Flittard - Das Werden eines Ortes. Köln 1977

Fuchs, Peter: Chronik zur Geschichte der Stadt Köln
Bd. 1.: Von den Anfängen bis 1400. Köln: Greven 1990
Bd. 2.: Von 1400 bis zur Gegenwart. Köln: Greven 1991

Fußbroich, Helmut: Der Geusenfriedhof in Lindenthal, in: Führer zu vor- und frühgeschichtlichen Denkmälern, Bd. 39, Köln III, Mainz 1980

Geis, Walter: Rondorf - Lage, Geschichte, Charakteristik - in Stadtspuren - Denkmäler in Köln, Bd. 12, 1. Aufl. - Köln: Bachem 1990

Gerlach, Gudrun: Essen und Trinken in römischer Zeit. Führer und Schriften des Archäologischen Parks Xanten Nr. 9, Pulheim 1994

Gickler, Johannes: Gedenkblatt zur Einweihung der neuen Gnadenkapelle zu Köln-Kalk am 8., 9. und 10. September 1959

Giesing, Georg / Krauthäuser, Jan: Hexenball im Königsforst - Märchen und Sagen aus dem Rechtsrheinischen. 1. Aufl., Köln: Bachem 1986

Gollub, Siegfried: Zur ältesten Besiedlung der Stadt Porz und ihrer näheren Umgebung, in: Unser Porz - Beiträge zur Geschichte von Amt und Stadt Porz, Heft 8, Porz 1966

Hagspiel, Wolfram: Köln: Marienburg. Bauten und Architekten

eines Villenvorortes - einschließlich der Villengebiete von Bayenthal, in: Stadtspuren - Denkmäler in Köln Bd. 8 I + II, 1. Aufl., Köln: Bachem 1996

Happe, Susanne / Müller-Jung, Joachim / Volberg, Stefan / Zerlett, Georg: 125 Jahre Blaue Funken. Köln 1995

Hargarten, Udo: Riehl, in: Nippes gestern und heute, Köln 1983

Heimatverein Alt-Köln (Hg.): Krune un Flamme - Mitteilungen des Heimatvereins Alt-Köln, Heft 12, August 1999

Hollwegh, Pater Rupertus: HISTORIE DER SCHMERZHAFTER MUTTER MARIAE ZU KALK, eingeleitet und erläutert von Wilhelm Becker, in: Rechtsrheinisches Köln, Bd. 13, Köln 1987

Hoster, Joseph: Der Dom zu Köln. Köln: Greven 1965

Huck, Jürgen: Die von Zündorf und ihr wehrhafter Wohnturm im Mittelalter, in: Rechtsrheinisches Köln, Bd. 2, Köln 1976

Huck, Jürgen: Schloß Wahn, in: Führer zu vor- und frühgeschichtlichen Denkmälern, Bd. 39, Köln III, Mainz 1980

Irsfeld, Franz: Nippes, eine Geschichte mit Zukunft, in: Nippes gestern und heute, Köln 1983

Jäger, Michael: Mülheim im Museum - die Bestände des Kölnischen Stadtmuseums, hrsg. vom Kölnischen Stadtmuseum, Köln 1991

Jägers, Toni: "Weeß do noch, wie dozomol ...?" - Worringer Bilderbogen aus Historie, Heimat, Volkstum, Karneval, Köln: Eigenverlag 1994

Katholische Pfarrgemeinde St. Aegidius, Köln-Porz-Wahn: Unsere Krippendarstellung, Köln-Wahn o.J.

Koch, Wilhelm: Kölsche Scheldereie 1+2, hrsg. von Heribert A. Hilgers, Köln 1981

Koelhoff, Johannes: Die Cronica van der hilliger Stat Coellen. Nachdruck. Köln: Robert Steimel Verlag 1972

Koerfer, Joseph: Müngersdorf und seine Entwicklung seit 1794, in: 1000 Jahre Müngersdorf, hrsg. vom Bürgerverein e.V. Köln Müngersdorf, Köln 1980

Koll, Johannes: Geschichte der Pfarre St. Servatius Köln-Ostheim, in: St. Servatius - Zu den Heiligen Engeln Köln-Ostheim, Festschrift aus Anlaß des 80jährigen Bestehens der Kirche St. Servatius und des 25jährigen Bestehens der Kirche Zu den Heiligen Engeln Köln-Ostheim, Köln 1986

Krupp, Hans W.: Willi Ostermann - Mundartdichter und Liedersänger, hrsg. von der Stadt Köln, Der Oberstadtdirektor, Köln 1986

Kruppa, Hubert: Ein Kölner Vorort mit großer Geschichte: Deutz. Köln: Bachem 1978

Kruse, Reinhold / Schumacher, Winfried: Der Altenberger Hof, in: Stände, Stempel, Alte Steine - Beiträge zur Nippeser Geschichte, Archiv für Stadtgeschichte Köln-Nippes e.V., Köln 1994

Kruse, Reinhold: Nippes - Bemerkenswertes und Unterhaltsames aus einem Stadtteil, Band 1: Der Erzbergerplatz und der „Schillplatz“, Köln 1995
Band 2: Glückliche Jahre - Kindheitserinnerungen von Lis Böhle, Köln 1995
Band 3: Nippes - wat es dat eijentlich?, Köln 1997

La Baume, Peter: Gräberfeld an der Luxemburger Straße, in: Führer zu vor- und frühgeschichtlichen Denkmälern, Bd. 39, Köln III, Mainz 1980

La Baume, Peter: Römisches Flottenkastell Alteburg, in: Führer zu früh- und frühgeschichtlichen Denkmälern Bd. 39, Kön III, Mainz 1980

Lexikon für Theologie und Kirche – Sonderausgabe. Freiburg: Herder 1960

Linke, Manfred / Bengel, Michael: Schäl Sick - das rechtsrheinische Köln: Buchforst, Deutz, Dünnwald, Eil, Flittard, Holweide, Kalk, Langel, Merheim, Mülheim, Porz-Mitte, Stammheim, Wahn, Zündorf u.a., Köln: Wienand 1993

Loeff, Helmut: Vorwort in: Köln-Mauenheim - Ein Geschichtsbild in Bildern und Geschichte. Geschichtswerkstatt Mauenheim VHS Köln 1993

Louis, Reinold: Kölnischer Liederschatz - wat kölsche Leedcher vun Kölle verzälle. Köln: Greven 1986

Louis, Reinold: Kölner Originale - Die Welt der alten Kölner Originale und Straßenfiguren. 3. Aufl., Köln: Greven 1988

Lützeler, Heinrich: Philosophie des Kölner Humors. 9. Aufl., Honnef/Rh 1954

Magunia, Isolde: Die Verehrung der Hl. Drei Könige in Köln bis zum Ende des MA. Unveröffentlichte Seminararbeit. Köln SS 1994

Meier-Arendt, Walter: Römische Grabkammer am Zollstocker Weiher, in: Führer zu vor- und frühgeschichtlichen Denkmälern, Bd. 39, Köln III, Mainz 1980

Meier-Arendt, Walter: Römischer Gutshof Müngersdorf, in: Führer zu vor- und frühgeschichtlichen Denkmälern, Bd. 39, Köln III, Mainz 1980

Meier-Arendt, Walter: Linienbandkeramische Siedlung von Lindenthal, in: Führer zu vor- und frühgeschichtlichen Denkmälern, Bd. 39, Köln III, Mainz 1980

Meynen, Henriette: Köln: Kalk und Humboldt-Gremberg. Stadtspuren - Denkmäler in Köln, Bd. 7. 1. Aufl., Köln: Bachem 1990

Meynen, Henriette: Die Gestaltung der „Goldenen Ecke“ gestern und heute, in: Nippes gestern und heute, Köln 1983

Millard, Anne: Das war Rom - Ein Bild des Alltags zur Blütezeit des römischen Reiches. Ravensburger Taschenbuch Bd. 749, Ravensburg 1987

Mitzschke, Udo: Geschichte von Köln Brück. Arbeiten zur Landeskunde von Rheinland und Westfalen, hrsg. von Prof. Dr. Heinrich Neu und Prof. Dr. Josef Zepp, Heft 1, Bonn: Wissenschaftliches Archiv, Urkunde-Bild-Chronik GMBH. 1964

Monheim, Heinz: Trümmerblumen oder "Frebels Karl" - Geschichten aus dem Nachkriegs-Köln. 1. Aufl., Köln: Bachem 1995

Mühlberg, Fried: Mülheim, in: Führer zu vor- und frühgeschichtlichen Denkmälern, Bd. 39, Köln III, Mainz 1980

Mühlberg, Fried: Die bastionären Befestigungen von Mülheim am Rhein und ihr Schicksal, in: Rechtsrheinisches Köln, Bd. 2, Köln 1976

Müller, Heribert: Brück - ein Ort erzählt in Wort und Bild. Köln: Rheinau Verlag Dr. Helmut Müller 1981

Müller, Leni / Franken, Fritz: Straßen und Wege in (Alt-)Junkersdorf - Schwerpunkt: Langgasse, in: Internationale Kirmes in Junkersdorf vom 1. Oktober bis 4. Oktober 1994

Müller, Leni: Kirmes - früher und heute, von überlieferten rheinischen Sitten und liebgewordenen Bräuchen aus Junkersdorf, in: Kirmes in Junkersdorf, vom 28. September bis 2. Oktober 1990

Müller, Leni: Straßen und Wege in Junkersdorf: Jungbluthgasse, Frohnhofweg und Umgebung, in: Internationale Kirmes in Junkersdorf vom 2. Oktober bis 5. Oktober 1993

Müller, Leni: Straßen und Wege in (Alt-)Junkersdorf - Der Kirchweg, in: Internationale Kirmes in Junkersdorf vom 30. September bis 3. Oktober 1995

Neyer, Maria Amata: Edith Stein - ihr Leben in Dokumenten und Bildern. 2. Aufl., Würzburg: Echter 1987

Nolte, Heinrich: Die Vorgeschichte der Pfarre St. Hubertus in Köln-Brück, in: 100 Jahre St. Hubertus Köln-Brück - Festschrift zum Jubiläum 1989. Köln 1989

Palm, Stefan / Thielen Helmut: Rodenkirchen: Godorf, Hahnwald, Hochkirchen, Immendorf, Meschenich, Rondorf, Sürth, Weiß. Köln: Wienand 1994

Panse, Winfried: Immendorf - Chronik eines alten Dorfes in Köln, herausgegeben zum 10jährigen Bestehen des Vereins Immendorf 2000 e.V., Köln Juni 1983

Peusquens, Karl: Köln-Riehl, Geschichte des Vorortes und der Pfarrgemeinde. Köln 1950

Pleticha, Heinrich / Schönberger, Otto: Die Römer. Gütersloh 1977-1980

Pohl, Stefan / Mölich, Georg: Das rechtsrheinische Köln - Seine Geschichte von der Antike bis zur Gegenwart. Köln: Wienand 1994

Prass, Ilse: Treffpunkt Karneval - Tips und Infos rund um die Kölner Karnevalsgesellschaften für Eingeborene und Imis. Köln: Bachem 1995

Rechtsrheinisches Köln - Jahrbuch für Geschichte und Landeskunde, hrsg. vom Geschichts- und Heimatverein Rechtsrheinisches Köln e.V., Köln 1975ff

Röhrig, Tilmann: Sagen und Legenden von Köln. Köln: Wienand 1987

Rosenzweig, Josef: Zollstock - wie es war und wie es wurde. Beiträge zur kölnischen Geschichte, Sprache, Eigenart, hrsg. vom Heimatverein Alt-Köln e.V., Band 1, Köln 1976

Rosenzweig, Josef: Zollstock - wie es war und wie es wurde - Nachtrag

Scheidgen, Hermann Josef: Die katholische Pfarre St. Aegidius in

Wahn von der Pfarrerhebung 1835 bis 1933, in: Rechtsrheinisches Köln, Bd. 11, Köln 1985

Scholz, Gertrud: Der Kirchhof in Merheim, in: COLONIA ROMANICA, Köln 1994

Schümann, Carl-Wolfgang: Adenauers Ansichten zur Architektur im Spiegel der Akten, in: Konrad Adenauer, Oberbürgermeister von Köln - Festgabe der Stadt Köln zum 100. Geburtstag ihres Ehrenbürgers am 5. Januar 1976, hrsg. von Hugo Stehkämper, Köln 1976

Schweitzer, Clemens: Die ersten Siedler, die Spuren der Römer und der Franken auf Müngersdorfer Boden - Die letzten römischen Funde in Müngerdorf, in: 1000 Jahre Müngersdorf, hrsg. vom Bürgerverein Köln-Müngersdorf e. V., Köln 1980

Schwering, Max-Leo: Die alte "Herrlichkeit" Müngersdorf - Höfe und Kirche, in: 1000 Jahre Müngersdorf, hrsg. vom Bürgerverein Köln-Müngersdorf e. V., Köln 1980

Seidel, Jörg / Aders, Gebhard: 80 Jahre Bahnverbindung Köln-Porz-Zündorf, in: Rechtsrheinisches Köln, Bd. 17, Köln 1991

Seiler, Sven: Die alte Pfarrkirche St. Gereon in Merheim - Die Ergebnisse der Ausgrabung durch das Römisch-Germanische Museum Köln und der Versuch einer Rekonstruktion des Kirchenbaues, in: COLONIA ROMANICA, Köln 1994

Signon, Helmut: Alle Straßen führen durch Köln. 2. Aufl., Köln: Greven 1982

Signon, Helmut: Die Römer in Köln - Altertümer zwischen Eifel und Rhein. Frankfurt 1970

Spiegel, Elisabeth Maria: Köln-Rondorf, Hahnenstraße / Adlerstraße / Sperberweg, in: Archäologie in Köln - Das archäologische Jahr 1991, eine Veröffentlichung des Kölner Amtes für Archäologische Denkmalpflege

Spiegel, Elisabeth Maria: Fundliste zur Siedlungskarte der Römerzeit im Stadtgebiet von Köln, in: Führer zu vor- und frühgeschichtlichen Denkmälern, Bd. 37/2, Köln I,2, Mainz 1980

Stadt Köln: Amt für Statistik, Einwohnerwesen und Europaangelegenheiten Strategisches Informationssystem

Stelzmann, Arnold: Illustrierte Geschichte der Stadt Köln. 3. Aufl., Köln: Greven 1962

Strick, Hermann: Die Zerstörung des Vorortes Kalk im Zweiten Weltkrieg, in: Rechtsrheinisches Köln, Bd. 4, Köln 1978

Strick, Hermann: Martin Köllen, ein sozialer Pastor und Kirchenbauer, Pfarrer an St. Marien in Köln-Kalk 1891 bis 1918, in: Rechtsrheinisches Köln, Bd. 13, Köln 1987

Volberg, Stefan: Sankt Marien - Geschichte der Pfarre und der Kapelle zum 125-jährigen Jubiläum der Kirche Köln-Kalk, Mai 1992 - Festschrift

Wagner, Gabriele: MEMENTO MORI - Gedenke des Todes!. Friedhofs- und Bestattungskultur in Köln gestern und heute. Begleitbuch zur Ausstellung. Köln 1995

Weber, Heinz: Die Webers aus Niederzündorf, in: Rechtsrheinisches Köln, Bd. 1, Köln 1975

Weber, Heinz: De Müllemer Böötcher, in: Rechtsrheinisches Köln, Bd. 3, Köln 1977

Weiler, Oswald: Heimatgeschichte der Orte - Rondorf - Höningen – Hochkirchen. Ohne weitere Angaben

Wilczek, Gerhard: Köln-Bocklemünd/Mengenich - 941-1991: 1050 Jahre Johannes vor dem Lat. Tore. Köln 1991

Wilczek, Gerhard: Ehrenfeld in Bildern - Mit Bickendorf, Ossendorf, Vogelsang, Bocklemünd-Mengenich. Köln: Eigenverlag 1975

Wolff, Arnold: Der Kölner Dom - Große Bauten Europas Bd. 6. Stuttgart 1974

Wolff, Arnold: Dombau in Köln. Stuttgart: Müller und Schindler 1980

Wolff, Gerta: Das Römisch-Germanische Köln: Führer zu Musem und Stadt. 4. überarb. Aufl., Köln: Bachem 1993

Wrede, Adam: Neuer Kölnischer Sprachschatz, Bd. I-III. Köln: Greven 1956 - 1958

Wo die Bildere all her sin

Die in diesem Buch verwendeten Fotografien hat, wenn nicht anders vermerkt, Peter Caspers aufgenommen.
Der Abdruck der Bilder auf den Seiten 10 (75 387), 78 (15 3738) und 81 (19 913) erfolgt mit freundlicher Genehmigung des Rheinischen Bildarchivs, Köln.
Mit freundlicher Genehmigung des Historischen Archivs der Stadt Köln wurden die Abbildungen auf den Seiten 55, 57, 59, 62 und 66 in dieses Buch aufgenommen.
Die Abbildung auf Seite 74 ist dem Buch „Unser Brück im Bild" entnommen, das von dem Geschichts- und Heimatverein „Unser Brück e.V." herausgegeben worden ist.
(Genehmigung erteilt durch Hans Kirsten)
Die historischen Postkarten stammen aus der Sammlung der Akademie för uns kölsche Sproch.
Karten:
Der Abdruck erfolgt mit freundlicher Genehmigung des J.P. Bachem Verlag, Köln.
Aus: Dietmar, Carl / Jung, Werner: Kleine illustrierte Geschichte der Stadt Köln
Für die Bilder auf Seite 31 und 50 konnten keine Urheber ausfindig gemacht werden. Der Verlag veröffentlicht diese Abbildungen mit dem Hinweis, daß mögliche Ansprüche geltend gemacht werden können. Die Vergütung erfolgt in Höhe der für solche Publikationen üblichen Bildhonorare.

Pitter vum Blaubach alias Peter Caspers

Pitter vum Blaubach hat fast 25 Jahre am Blaubach gewohnt und sich deshalb dieses Pseudonym zugelegt. Er heißt Peter Caspers, ist Diplom-Betriebswirt und hat sich nach seiner Pensionierung mit seiner Heimatstadt vor allem in Kölscher Sprache auseinandergesetzt. Er war Dozent an der Akademie för uns kölsche Sproch und gab zusammen mit Willi Reisdorf das hochdeutsch-kölsche Wörterbuch ‚Op Kölsch jesaat' heraus. 1995 erschien sein Buch ‚Am Stammdesch ähnz un löstich'. Er schrieb in Kölscher Sprache regelmäßig Kolumnen in der Kölnischen Rundschau und Dem Feierabend, einer Informationsschrift für Senioren der Stadt Köln. Im Feierabend sind die meisten der hier zusammengefaßten Artikel über Kölner Vororte erschienen. Die Resonanz bei den Lesern war groß, so daß hierüber nunmehr ein Buch vorgelegt wird.